BRISER LA CULTURE DES HÉROS

TACTIQUES ORGANISATIONNELLES POUR
DYNAMISER LA COLLABORATION DES ÉQUIPES

DAVE JACQUES

SIMPLEMENT COMPLEXE

À tous les amis, coachs, mentors, clients et professeurs qui m'ont influencé afin que je sois pleinement moi-même.

« *Dans une organisation ordinaire, la plupart des gens font un deuxième travail pour lequel ils ne sont pas payés.* »

— Robert Kegan et Lisa Laskow Lahey, An Everyone Culture: Becoming a Deliberately Developmental Organization

TABLE DES MATIÈRES

LISTE DE FIGURES ET TABLEAUX

INTRODUCTION

Quand on me demande ce que je fais comme travail, j'ai généralement la même conversation avec chaque personne. Les mots changent un peu, mais le fond reste le même. Voici un parfait exemple :

Qu'est-ce que tu fais comme travail, Dave?

> Je suis coach et facilitateur organisationnel. J'aide des entreprises et des équipes à mieux travailler ensemble.

Ah oui? Tu fais ça comment?

> Je travaille à développer une bonne dynamique d'équipe, à améliorer les façons de faire et surtout à aider les coéquipiers à développer les bonnes attitudes et comportements à avoir. Bref, créer de vraies équipes de travail.

Vraiment? J'aurais bien besoin de ça où je travaille. C'est compliqué avec mes collègues et ma gestionnaire.

Compliqué comment?

J'ai toujours trop de travail. J'ai l'impression que ma gestionnaire ne comprend pas que je ne peux pas tout faire et puis il y a ce collègue que je ne tolère pas. Il se plaint de tout et je finis par devoir faire son travail à sa place. J'aime mon travail, mais je me dis que je devrais changer de poste. J'ai l'impression que je suis coincé et que ma gestionnaire ne me laissera pas partir aussi facilement.

Tu sembles être dans une culture de héros.

Une culture de héros?

Le héros est celui qui est l'expert, qui sait tout dans l'équipe. Le héros est la perle rare, la référence, le joueur clé dont tout le monde a besoin. Il est indispensable à tout et s'il s'absente, rien ne fonctionne. Le héros est aussi celui qui va casser les décisions s'il n'était pas impliqué dans le processus décisionnel. Il va se plaindre sur ce qui ne fonctionne pas sans pour autant participer aux solutions.

Tu décris tout ce que je vis au travail.

Ce que j'appelle le héros est en fait une attitude que les membres d'une entreprise développent en travaillant ensemble. Être la référence et la perle rare est motivé par le besoin d'être le meilleur. Toutefois, les héros ont aussi un côté sombre. Ils ne sont pas parfaits et ils développent de mauvaises habitudes qui affectent leurs collègues.

Et pourtant, c'est ce que les entreprises *recherchent*.

On se dit que « c'est comme ça que ça fonctionne » quand on travaille en entreprise et on finit par se résigner à l'idée. En fait, les entreprises ont développé une dépendance aux héros, car elles ne peuvent pas survivre sans eux.

Cette culture des héros est aussi un sujet tabou. Je n'ai pas besoin d'expliquer longuement ce qu'il en retourne pour que mon interlocuteur trouve une anecdote qui y correspond. Or, personne n'en parle. Il semble y avoir un consensus sur le fait que les héros sont présents et pourtant, on tolère la situation sans en parler. En fait, parler des héros met en lumière une problématique qui demande des changements majeurs dans les façons de faire des entreprises, un effort qui n'est pas toujours facile à faire.

Le but de ce livre est d'adresser ce tabou et de proposer une approche adaptée pour briser la culture des héros en entreprise. L'objectif n'est pas de rejeter ces héros, mais de trouver une meilleure façon de travailler avec eux, sans devoir subir une pression de performance constante. Éventuellement, on voudra s'affranchir de la dépendance aux héros.

1

L'ÈRE DES HÉROS EN ENTREPRISE

« ... mais Dave, c'est comme ça partout. »
— *Chaque personne à qui je parle des héros en entreprise*

DANS UNE CONVERSATION où je décris ce qu'est un héros, les effets et leur attitude, il y a immanquablement un moment où on me dit qu'il s'agit du fonctionnement de toutes les entreprises. Cela concerne autant les grandes que les petites et moyennes entreprises (PME). Jusqu'à maintenant, tous mes clients, peu importe leur âge, m'ont avoué avoir vécu ce phénomène dans leur milieu de travail.

Et ce phénomène n'est pas propre à la culture nord-américaine du Canada et des États-Unis. J'ai reçu cette même réaction en Europe et en Australie quand j'ai voyagé pour animer une conférence, pour donner de la formation ou pour accompagner un client. Force est de constater que la culture des héros est mondialement présente dans les entreprises.

Plus je discute des héros, plus on trouve des exemples concrets dans son quotidien. Lorsque j'explique les effets qu'ont les héros sur la dynamique entre collègues, on me dit : « C'est exactement ce que je vis.» Je suis heureux de pouvoir apporter mon aide à tant d'entreprises, mais à la fois effrayé de constater que le phénomène soit autant répandu dans les milieux de travail.

Les héros sont partout

La notion de héros est bien présente dans notre quotidien. Nos livres, par exemple, regorgent d'aventures de héros. Les films ont des franchises bien établies sur des héros connus et sont à la tête du box-office. Les vêtements, autant ceux pour enfants que ceux pour adultes, affichent nos héros préférés. Nous allons même jusqu'à répéter les phrases clichées de ces héros dans nos conversations. Comme Yoda le dirait : « Fais-le, ou ne le fais pas, mais il n'y a pas d'essai.»

Les héros sont omniprésents dans notre culture. Ils nous inspirent, nous influencent et nous encouragent au quotidien. On veut leur ressembler.

Dans les entreprises, les héros sont tout aussi inspirants qu'utiles. Ils sont des collègues avec une grande efficacité et une expertise qui leur permet d'adresser des situations complexes. Leurs vastes connaissances en font des alliés de choix dans les équipes de travail. Sans les héros, les entreprises ne pourraient pas avoir autant de succès.

Mais les héros ont aussi un côté sombre qu'on observe également dans les livres et les films : lorsque le héros décide de faire cavalier seul, il échoue. En plus d'échouer, il se blesse gravement, aggrave la situation déjà complexe, cause des dégâts matériels autour de lui et précipite parfois un autre personnage vers la mort. Le héros croit qu'il est capable de tout faire seul, sans mettre en danger son entourage, et pourtant, le contraire se produit. Puis, son meilleur allié lui dit quelque chose du genre : « C'était vraiment irresponsable d'avoir essayé de régler la situation tout seul. Pourquoi t'as fait ça ? On est là pour t'aider. Il faut régler ça ensemble. » Le héros rassemble ensuite sa bande et, ensemble, ils réussissent à trouver une solution à leurs problèmes.

Le scénario est classique, mais on ne s'en lasse pas.

Le héros en entreprise fait exactement la même chose : il fait cavalier seul, laisse ses collègues dans l'ombre, ce qui engendre des effets négatifs autour de lui. Il accumule les succès et les mérites comme dans les aventures héroïques.

Si on connaît déjà le scénario, pourquoi s'entête-t-on à le répéter sans cesse ? Parce que les entreprises sont fondées sur des croyances qui encouragent et soutiennent les héros. Elles incitent les employés à adopter une attitude qui correspond à celle des héros des histoires.

Contester le statu quo

J'ai grandi avec la croyance que travailler « c'est dur », qu'on doit toujours donner son 110 %, que ce n'est pas un endroit pour avoir du plaisir ni pour se faire des amis, surtout pas avec les gestionnaires.

Ces croyances forment des règles non écrites d'un jeu que l'on appelle « travailler ». Ces règles forcent les travailleurs à développer des moyens pour gagner, et être un héros est l'un de ces moyens. Toutefois, ces règles non écrites sont démodées. Pour gagner, il faut changer les règles et sa stratégie.

L'une de ces règles non écrites est qu'**il faut être occupé à plein temps pour être productif.**

Avoir une longue liste de tâches à accomplir et un agenda rempli est un signe d'importance et de succès. Si un employé a du temps libre, on se dit qu'il peut en prendre beaucoup plus. Le besoin d'être constamment occupé a pourtant l'effet inverse. Lorsque l'on pousse une autoroute à son plein rendement, on se retrouve avec un stationnement : l'efficacité escomptée ne se concrétise pas.

En voulant être productif à tout prix, on valorise le sentiment de culpabilité lorsqu'un employé a un trou dans son agenda. Celui-ci développe l'habitude de prendre plus de tâches pour ne pas devoir justifier une prétendue perte de temps. On ne s'étonnera pas d'apprendre que la liste de tâches d'un héros est souvent interminable. Il faut plutôt simplifier et en faire moins pour être plus efficace et augmenter la productivité.

Une autre règle non écrite est que **travailler est pénible et se plaindre de son travail est normal.**

Les annonces de recrutement mettent de l'avant les valeurs exemplaires de l'entreprise, le climat de travail collaboratif et la façon dont l'entreprise fait grandir ses employés. Toutefois, les conversations avec mes clients tournent autour de sujets comme l'essoufflement, les heures supplémentaires, la surcharge de travail, les relations compliquées entre collègues, le manque d'écoute de la direction, etc. Quand on compare l'annonce de recrutement et la réalité au travail, on dirait presque de la fausse publicité. Ce double discours est aussi accentué par les héros. Seules les entreprises qui remettent en question la culture des héros établie sont en mesure de régler ce problème. Le travail n'a pas à rester pénible. On doit l'améliorer, surtout avec tout le temps qu'on y investit.

La spécialisation et l'expertise sont ce qui est le plus convoité sur le marché.

Pour être embauché, il faut se spécialiser dans un seul domaine ou créneau à l'aide de certifications et de nombreuses années d'expérience. Cette façon de jouer le jeu de l'embauche finit par piéger les travailleurs dans un seul domaine. Les entreprises sont alors limitées dans leur capacité à s'adapter lorsque les besoins en expertise changent.

L'expert reste dans sa spécialité parce que s'il décide de changer, il ne sera plus attrayant sur le marché, faute d'un manque d'expérience. Les experts deviennent les héros de leur spécialisation et accumulent les certifications sur leur profil LinkedIn, sous forme d'une longue liste d'acronymes à côté de leur nom, creusant l'écart avec les autres travailleurs dans le même domaine.

L'expert doit plutôt être celui qui vient développer les compétences des employés dans les entreprises, et non la seule personne qui accomplit le travail.

Le travail d'équipe étant omniprésent dans les entreprises, on croit que **tout le monde est compétent pour travailler en équipe.**

Non, tout le monde ne sait pas comment bien travailler

en équipe puisqu'on mise sur l'expertise technique. Les travailleurs ont rarement reçu une formation sur les relations de travail et les moyens de bien communiquer avec leurs collègues. Dans une industrie de plus en plus numérique et virtuelle, les compétences en communication telles que l'écoute, l'empathie et la collaboration ne sont pas mises de l'avant. On tient pour acquis qu'un travailleur possède ces compétences.

Les héros n'y échappent pas : ce sont des employés qui ne travaillent pas bien en équipe. En fait, les héros n'ont pas intérêt à travailler en équipe puisque leur succès repose sur leur efficacité individuelle. Ils travaillent mieux seuls. Toutefois, le travail d'équipe est essentiel pour qu'une entreprise ait du succès. Simplement asseoir les employés ensemble n'est pas non plus suffisant. Il faut miser sur la collaboration pour obtenir un succès collectif.

Les héros sont issus d'une culture qui valorise l'individu avec son salaire, son bonus, son titre, son bureau et sa place de stationnement. Tant que l'entreprise persiste à valoriser uniquement l'individu, la culture des héros restera en place. Pour créer des environnements de travail valorisants et durables, l'entreprise doit revoir les règles non écrites.

En cessant de miser sur les héros, l'entreprise devient plus souple et développe une capacité à surmonter les difficultés et les changements grandissants du marché.

Une approche pour briser la culture des héros

Les entreprises doivent apprendre à se défaire de leur dépendance aux héros. Dès qu'une expertise est manquante, elles ont le réflexe d'aller embaucher un héros qui réglera la question à lui seul. Il sera récompensé et finira par gravir les échelons pour finalement être remplacé par une nouvelle génération de héros. Cette façon de faire est implantée si profondément dans la culture en entreprise que toute autre approche qui ne tient pas compte des héros est perçue comme risquée.

Changer une culture d'entreprise est un acte délibéré qui demande une discipline de la part de tous les employés. Ce n'est pas un changement qui s'effectue avec un comité de transition qui ne communique que les résultats aux employés. On doit utiliser une approche systématique et donner du temps à l'entreprise pour qu'elle se transforme.

C'est l'approche que j'ai développée au cours des dernières années. Elle se divise en trois phases comme vous pouvez le voir dans la figure 1.1. Le livre que vous lisez se concentre principalement sur la première phase qui sert de fondement pour les deux phases suivantes. Le chapitre 10, quant à lui, donne plus de détails sur l'ensemble de l'approche en intégrant les apprentissages du livre.

Figure 1.1 — Approche en trois phases

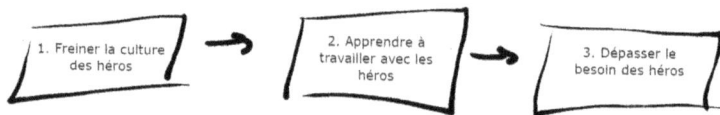

Ce travail est basé sur Prime/OS™ (2014), publié libre de droits, Free Cultural Work via la licence CC-BY-SA de Creative Commons. Vous pouvez télécharger la définition de Prime/OS™ ici : openspaceagility. com/prime/download-prime/

1. Freiner la culture des héros

L'objectif de cette étape est de comprendre ce qu'est un héros, de rendre visible la culture des héros dans les entreprises et d'inviter les employés à mettre en application des tactiques concrètes pour freiner cette culture dans leur quotidien. Cette étape se complète par une présentation à l'entreprise afin de démystifier le phénomène des héros.

Les chapitres 2 et 3 expliquent le phénomène des héros à travers différents effets que subissent les employés et qui affectent les processus de l'entreprise.

Des tactiques pour mettre un frein à la culture des héros ou du moins en minimiser les effets sont expliquées dans les chapitres 5, 6 et 7. Pour qu'un changement d'envergure dans l'entreprise s'effectue de façon durable, des actions concrètes doivent être planifiées, puis mises en pratique par tous les employés. L'ensemble des membres de l'entreprise *doivent* faire partie du processus de transformation. L'approche basée sur Prime/OS™ entraîne les participants dans une série de deux forums ouverts en lien avec la culture des héros et inclut une période d'apprentissage entre chaque session.

Un forum ouvert est une technique qui permet d'avoir un lieu d'échange et de partage sur un sujet majeur, et ce avec toutes les personnes affectées. Tous les employés sont invités à faire partie du changement et à s'impliquer dès le départ. Cette technique mise sur l'amélioration continue pour amener un changement durable dans la culture de l'entreprise. Une des principales conditions de succès du forum ouvert est la participation facultative, car un changement de culture peut uniquement réussir si les employés participent de façon volontaire.

L'approche se base sur l'anthropologie culturelle (« Cultural anthropology », 2023, 7 mai), soit l'étude de l'être humain et des sociétés humaines, et dans la pensée liminale de Gray, (2016) qui permet de créer du changement en comprenant ses croyances et en les transformant. Un changement de culture d'entreprise s'apparente à un changement de société et l'approche se sert de ces fondements en l'adaptant naturellement à la réalité de l'entreprise.

La phase I se termine lorsque la culture des héros est bien comprise et que les deux forums ouverts sont complétés.

Ce livre ne vous prépare pas aux forums ouverts nécessaires pour compléter la phase I. Il permet cependant de démystifier le phénomène des héros, de donner un langage commun pour en parler dans votre milieu de travail et d'entreprendre une démarche de changement de culture. Ce livre est un bon complément à de l'accompagnement professionnel (*coaching*) ou à du mentorat en entreprise.

2. Apprendre à travailler avec les héros

La phase 2 est une période d'apprentissage, d'exploration et d'expérimentation pour découvrir de nouvelles façons de travailler avec les héros. Les tactiques pratiquées à la phase 1 deviennent naturelles pendant la phase 2, où de nouvelles tactiques sont intégrées.

À l'inverse de la phase 1, la phase 2 mise sur l'arrêt, le changement et la création de nouvelles façons de faire dans l'entreprise. Le processus est le même que celui de la phase 1 avec une nouvelle série de deux forums ouverts, mais avec une période d'apprentissage plus longue puisque le travail pour transformer les processus et les attitudes des employés nécessite plus de temps.

Cette phase est complète lorsque la série de deux forums ouverts est réalisée.

3. Dépasser le besoin des héros

La phase 3 en est une de maîtrise. L'entreprise n'a plus besoin d'avoir une série de forums ouverts de manière régulière. Elle a la maturité nécessaire pour détecter le besoin d'avoir un forum ouvert sur sa culture, et elle sait comment procéder en se basant sur ses apprentissages des phases précédentes.

La culture des héros est brisée, et l'entreprise sait s'adapter au moyen d'attitudes saines et de comportements créatifs auprès de ses employés. De plus, elle est consciente que maintenir une saine culture demande un entretien continu et qu'il est normal de devoir s'ajuster.

En résumé

Les héros sont omniprésents dans nos histoires, nos films et nos livres ; ils se trouvent aussi dans les milieux de travail. Même s'ils présentent des avantages, ils amènent bon nombre d'inconvénients qui minent le travail d'équipe, puisqu'un héros est avant tout un loup solitaire. La notion du travail est régie par des règles non écrites qui supportent l'attitude héroïque et nous empêchent de changer les façons de faire. Par exemple :

- Il faut être occupé à plein temps pour être productif.
- Le travail est pénible et se plaindre de son travail est normal.
- La spécialisation et l'expertise sont ce qui est le plus recherché sur le marché.
- Tout le monde est compétent pour travailler en équipe.

Ces règles non écrites sont démodées et doivent changer afin de briser la culture des héros en entreprise.

L'approche pour changer cette culture s'appuie sur l'anthropologie culturelle, soit l'étude de l'être humain et des sociétés humaines. Un changement de culture d'entreprise s'apparente à un changement de société. Basée sur la technique du forum ouvert, l'approche contient trois phases :

1. Freiner la culture des héros : rendre visibles les héros, comprendre leurs effets et mettre en pratique des tactiques concrètes pour freiner les effets des héros dans le quotidien.

2. Apprendre à travailler avec les héros : arrêter, changer et créer de nouvelles façons de faire dans l'entreprise pour mieux travailler avec les héros.

3. Dépasser le besoin des héros : l'entreprise entretient sa culture régulièrement à l'aide des apprentissages des phases 1 et 2.

Le prochain chapitre aborde le côté sombre des héros et les effets néfastes qu'ils ont sur leurs collègues.

2

LE CÔTÉ SOMBRE DES HÉROS

« Si seulement je pouvais te cloner, ça serait parfait. »
— *Mon gestionnaire du moment*

CETTE PHRASE semble a priori une belle façon de souligner les efforts d'un employé et d'affirmer sa contribution importante au sein de l'équipe. Cependant, elle cache aussi un aspect important : l'entreprise ne peut pas se passer de cette personne. C'est autant une appréciation de son bon travail que l'expression de la peur de perdre cet employé. Une autre version de la même phrase serait : « Je ne sais pas ce que je ferais sans toi. » On me les a dites tellement de fois que j'ai fini par y croire.

Je me souviens d'un moment en particulier qui illustre bien ces phrases. J'étais basé à Québec et le client avait une division à Toronto. Je devais m'y rendre de temps en temps pour créer un lien avec lui, connaître mes collègues situés à cet endroit et faciliter les échanges. C'était au temps où les vidéoconférences n'étaient pas très populaires.

Je me suis donc levé vers 3 h 30 du matin pour appeler un

taxi en direction de l'aéroport. L'embarquement était prévu à 5 h 25, le premier vol du matin. J'avais le temps de travailler environ une heure dans l'avion avant de sortir de l'aéroport pour me rendre aux bureaux du client en taxi. Je suis arrivé vers 9 h. Pendant le reste de la journée, j'ai pu comprendre les problématiques et les besoins de mon client, expliquer un concept, établir une solution, estimer les travaux et expliquer les termes de l'entente. Avant même de repartir le soir, j'étais déjà en train de réaliser les travaux. Avec de la chance, je serais de retour à la maison vers 22 h. Le lendemain, il fallait que je sois au bureau à 7 h du matin.

Le faire une fois, ce n'est pas si mal, mais devoir le faire toutes les 2 semaines est épuisant. Le temps de voyagement, et surtout le fait de réaliser le travail de plusieurs personnes à la fois, est insoutenable même avec des accommodements (ex. : partir le dimanche soir et revenir le lundi). Je me disais capable de tout gérer, et j'étais très efficace. J'étais aussi le seul employé qui pouvait le faire. Toutefois, je mourais à petit feu. Ma vie sociale et amoureuse étaient chamboulées et je n'avais pas le temps pour des activités personnelles non plus.

Le problème n'est pas ma capacité à faire tout ça, mais le fait que l'entreprise comptait seulement sur moi pour y arriver, car demander à quelqu'un d'autre aurait coûté beaucoup trop cher. Et le pire est que j'avais accepté volontiers en disant : « Je vais le faire ! » Mon employeur et moi étions tous deux responsables de cette situation.

Qu'est-ce qui ne fonctionne pas au juste ?

Ce qui ne fonctionne pas, c'est lorsque se surpasser devient la norme. On doit alors le faire tout le temps : toujours plus vite, toujours plus efficacement. Les entreprises se sont adaptées pour soutenir les héros en ajustant des processus en place qui favorisent les attitudes héroïques comme le recrutement, les échelles salariales, les plans de carrière ou le style de gestion. On veut de plus en plus ces perles rares : c'est addictif. De ce fait, être un héros est de plus en plus recherché et encouragé.

Depuis mon premier travail, être efficace, faire le travail rapidement, en accomplir plus avec moins, toujours dépasser les objectifs et être en perpétuelle croissance ont toujours été importants et mis de l'avant. Cette obsession de la productivité a créé un environnement où la seule façon de survivre était de devenir un héros et de développer de superpouvoirs pour surmonter toutes les épreuves.

Toutefois, ce n'est pas tout le monde qui a cette capacité de devenir un héros à temps plein, ni même à l'occasion. C'est comme écraser l'accélérateur de la voiture en permanence et espérer aller encore plus vite. Puisque certaines personnes y arrivent, on s'attend à ce que les autres puissent faire pareil en répétant les mêmes façons de faire que l'on surnomme «bonnes pratiques». Il m'est arrivé plus d'une fois d'avoir des demandes pour expliquer ma «recette du succès». Elle est assez simple :

1. Travailler seul.
2. Garder l'information pour soi.
3. Ne pas prendre de vacances.
4. Travailler en dehors des heures de travail.
5. Se rendre indispensable.
6. Être la seule personne qui peut régler un problème.
7. Endurer ses malheurs.

8. Penser que personne ne peut comprendre ce que l'on fait.

9. Obtenir le plus de mérite individuel possible.

10. Ne pas demander d'aide.

Ce n'est pas la recette à laquelle vous pensiez ? Elle n'est probablement pas aussi alléchante que toutes les autres qui ont déjà été publiées en tout cas. Afin d'être efficace, j'ai misé sur l'autonomie individuelle, et ça fonctionnait ! Le problème n'était pas d'être un héros, mais de l'être à plein temps. C'était devenu mon mode de fonctionnement par défaut.

Ce que j'ai observé avec le temps, est qu'être un héros créait des dommages collatéraux autour de moi. Il n'y a pas seulement la réussite à considérer ; des conséquences affectaient mon bien-être, mon entourage et mon milieu de travail. Ma vie personnelle a souffert puisque mon attitude au travail exerçait une influence sur l'ensemble de ma vie. Et comme beaucoup de gens, je passais un nombre d'heures incalculables au travail. Je refusais de croire qu'une coupure nette soit possible entre la vie professionnelle et la vie personnelle.

Plusieurs années m'ont été nécessaires pour comprendre le côté sombre d'être un héros. Au début, je croyais être simplement doué et meilleur que les autres. En fait, ça comblait largement mon besoin d'approbation et de gratification : c'était comme avoir un bulletin de notes à l'école. Une fois dans le milieu du travail, ce sont les promotions et les tapes dans le dos qui sont notre bulletin. Enfin, c'était ce que je croyais à l'époque.

J'ai vu des collègues m'éviter, devoir m'endurer chaque jour, se plier à mes caprices, être les victimes de mes sautes d'humeur, mais surtout, rester dans l'ombre projetée par ma cape de héros. Ce n'est pas un constat bien gratifiant quand on y pense. J'avoue ressentir encore beaucoup de honte à l'égard de mon attitude héroïque. Toutefois, loin d'être seulement mon mea culpa, il faut voir ce phénomène dans son ensemble pour bien comprendre.

À quoi ressemble le côté sombre d'un héros ?

Pour mieux comprendre ce qu'est un héros, nous allons utiliser le triangle dramatique de Karpman. Ce modèle présent depuis les années 70 est assez simple pour comprendre les différentes facettes d'un héros.

Le triangle de Karpman, développé par le psychiatre Stephen B. Karpman (s. d.), est un modèle psychologique pour comprendre la dynamique de certains problèmes relationnels. Il aide à distinguer les attitudes que les gens peuvent adopter dans leur quotidien, que ce soit au travail ou à la maison. Il nous permet ainsi de définir les différents types de héros qui existent.

Sans être complet, ce modèle nomme des traits de caractère et des comportements pour mieux les observer ensuite. Il utilise trois postures que les gens adoptent pour se protéger, tirer profit d'une situation, se défendre ou passer à l'offensive. Plus les situations sont chargées émotionnellement, plus les postures sont visibles et intenses. Les trois postures étant dynamiques, les gens en changent selon la situation ou pour leur bénéfice. Nos héros sont experts dans l'exécution de ce modèle sans même le connaître.

Le héros persécuteur

Le héros persécuteur est celui qui s'impose, qui projette sa vision des choses autour de lui. C'est le héros dont les gens parlent plus souvent en mal qu'en bien. Cette personne a tendance à se sentir tout permis et empêche les autres d'avancer. Ceux-ci vont chercher à obtenir son autorisation au risque de la voir infirmer les décisions prises en son absence. C'est aussi la personne qui se réserve du travail en disant « ça, c'est pour moi » ou « il n'y a que moi qui peux faire cette partie ».

Le héros persécute son entourage parce qu'il prend la place des autres et n'en laisse pas beaucoup. Ses idées sont toujours les meilleures et son expression favorite est « oui, mais » (on reviendra sur celle-ci plus loin). Le héros persécuteur est celui qui possède le pouvoir et l'influence nécessaires pour se faire écouter en exerçant, au besoin, son droit de veto lors des décisions. Dans les rencontres, sa présence est généralement obligatoire. Il est souvent au centre des discussions, même celles où il est absent ! Ce type de héros a plutôt tendance à être conservateur dans ses décisions, puisqu'il se base sur sa longue expérience du sujet et est plutôt du genre à compter sur ses propres expérimentations pour appuyer ses dires. Peu enclin à accepter de l'aide, même si ses intentions sont bonnes, il impose la sienne aux autres en s'invitant dans la réalisation des tâches qui ne lui sont pas assignées.

J'ai beaucoup d'exemples de rencontres reportées parce qu'une seule personne était absente, et ce, même quand toutes les autres s'y trouvaient à temps. Il y a ce petit moment malaisant où tout le monde se regarde et finit par capituler en disant : « Pas le choix d'annuler ? » On doit donc remettre la rencontre de quelques jours, voire quelques semaines. Bien entendu, lorsque notre persécuteur est là,

mais que quelqu'un d'autre manque la fois suivante, il dira :
« On fait la rencontre quand même. »

Le héros persécuteur est un élément perturbateur : il court-circuite les processus et impose sa loi. On s'adapte à lui au détriment des autres.

Le héros sauveur

Le héros sauveur est le plus commun et le plus apprécié des entreprises. Il est très prisé, car on aime beaucoup son côté « je peux tout réussir ». On peut l'envoyer corriger une situation qui demande la présence et l'expertise de plusieurs personnes. Sa polyvalence et son efficacité sont sa marque de commerce. Il a aussi le talent de redresser des situations et il est donc très efficace dans des situations de crise, au point de créer une dépendance à ses services. Sans lui, impossible de régler les situations complexes. Il est souvent un expert reconnu dans son domaine dont l'expertise devient un levier de négociation. Ce héros peut user de ce levier pour obtenir des faveurs telles qu'une promotion, un nouveau titre ou être assigné à un projet désiré. Le sauveur aime bien raconter les histoires couronnées de succès où il est le personnage principal. De plus, le sauveur est prêt à rattraper la situation même lorsqu'on n'a pas besoin de lui.

Les sauveurs sont aussi très inspirants, car on les associe à des évènements positifs et à des exploits. On les considère facilement comme des mentors ou des exemples à suivre. Ils sont tellement inspirants qu'on finit par se comparer (ou se faire comparer) à eux, puis on se demande comment on pourrait devenir comme eux afin de recevoir les mêmes éloges. Comme tous les héros, le sauveur aime bien les médailles et les félicitations, que ce soit un titre d'employé du mois, un plus gros boni annuel, une promotion, un article à son sujet dans l'intranet ou tout autre moyen de gagner en visibilité et d'exercer une plus grande influence autour de lui.

Il y a des héros sauveurs, peu importe le client que j'accompagne. Je les trouve à coup sûr dans les équipes de travail, tout particulièrement celles qui doivent s'occuper de la mise en service. Cette étape implique de rendre accessibles aux clients les dernières mises à jour, par exemple la nouvelle version d'un site web ou d'une application mobile. Les membres de cette équipe doivent souvent faire des tours de passe-passe et investir beaucoup de temps en dehors des heures normales de travail pour réussir la mise en service à cause de la complexité des outils et des façons de faire employées.

Une fois, j'ai vu un courriel d'une directrice qui disait : « Félicitations ! La mise en service a duré 19 heures. Ça n'a pas été facile, mais on y est arrivés ! » C'est extrêmement long comme délai. Les personnes ont effectué ce travail durant la fin de semaine sans prendre congé. Le mois suivant, un autre courriel similaire a été envoyé : c'était devenu la norme. Les bonnes pratiques d'aujourd'hui permettent de réaliser ce type de mise en service beaucoup plus rapidement. Toutefois, les entreprises n'investissent pas pour améliorer les façons de faire puisqu'il y a des héros sauveurs qui réussissent en déployant les efforts démesurés nécessaires.

Miser sur les héros sauveurs revient à vivre d'une paye à l'autre : on ignore si on aura tout ce qu'il faut pour finir le mois, mais on finit par joindre les deux bouts malgré tout. Les défis seront toujours présents et l'entreprise a la certitude qu'il y aura un héros sauveur qui va survenir au moment opportun pour réchapper la situation.

Le héros victime

« Tu es bon dans ce que tu fais Dave, ne change pas. »

Dire non est difficile pour le héros victime. Son travail est tellement essentiel que ses collègues souhaitent qu'il reste dans le même travail indéfiniment, le rendant victime de son succès. Ce héros raconte les mêmes histoires que le héros sauveur, mais en disant plutôt à quel point les situations étaient difficiles et combien il a souffert dans le déroulement. Le héros victime se plaint pour attirer la sympathie des gens autour de lui. Il critique le fonctionnement des choses et insiste sur le fait que les autres doivent changer afin d'améliorer son sort. Les autres sont souvent le problème et il n'est qu'une victime du grand système qui s'appelle « La compagnie ». L'attention est sur le héros victime autant que possible. Héros malgré lui, il se retrouve coincé dans une cage dorée.

Il y a du pouvoir dans la victimisation. C'est simple : on n'est responsable de rien. Tant que ça reste ainsi, on peut se plaindre et attirer l'attention. La responsabilisation devient alors une bête noire.

Même si notre héros victime en avait l'occasion, il ne voudrait pas changer cette situation, car son pouvoir d'influence et la sympathie qu'il reçoit cesseraient du même coup. Il demande beaucoup d'attention, beaucoup plus que la moyenne, et ce, au détriment des autres.

Un exemple typique de héros victime est lorsqu'il y a une

personne douée dans son travail, qui est irremplaçable. Sans elle, il y aurait un vide difficile, voire impossible, à combler. Par exemple, quand j'avais envie de changer de poste ou d'apprendre quelque chose de nouveau, mon gestionnaire me disait : « Tu es bien où tu es Dave. J'ai besoin de toi là. » C'est une phrase réconfortante, mais aussi très révélatrice : toute tentative de changement serait perçue comme une menace à la stabilité précaire. J'étais pris dans ma chaise, condamné à ne pas grandir au-delà des limites permises. Résultat : je me plaignais encore plus !

Le héros victime finit par être la personne qui nous fait soupirer et dire : « Encore elle... »

La dynamique persécuteur – sauveur – victime

Figure 2.1 — Triangle dramatique de Karpman

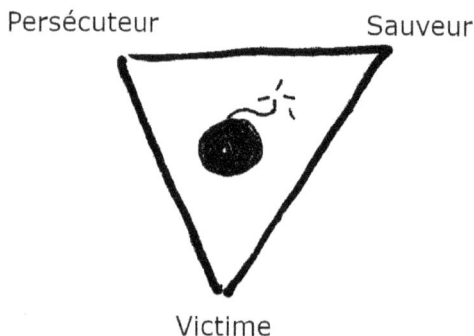

Persécuteur   Sauveur

Victime

En découvrant ce modèle, je me suis rendu compte que j'étais déjà familier avec ces trois postures. Je savais que je les adoptais à des moments précis et de façon prévisible. Lorsqu'une ne fonctionnait plus, je passais à la suivante.

Par exemple, lorsque j'étais dans une rencontre pour prendre une décision, j'arrivais généralement avec une solution déjà prête, un comportement typique d'une posture de sauveur. Aussitôt que l'occasion se présentait, je sauvais la situation au moyen de ma solution toute faite en vantant ses mérites. Quand on tentait de trouver des failles ou de proposer une solution alternative, je passais en mode persécuteur pour réfuter le tout. J'imposais ma volonté par des « oui, mais », « je l'ai fait avant et ça a marché », « je suis le seul qui a déjà fait ça », « c'est moi le responsable en fin de compte ». Bref, je faisais tout pour arriver à mes fins.

Quand ça ne fonctionnait pas ou que mon gestionnaire en décidait autrement, je passais instantanément en mode victime. Je prenais un malin plaisir à pointer toutes les failles que leur décision impliquait. Je prenais le soin de prévenir tout le monde des risques en disant : « Je le savais que… » J'avais les postures bien ancrées en moi et j'étais en mesure de passer de l'une à l'autre aussi aisément qu'un acteur bien entraîné.

Même si j'adoptais la posture adéquate pour une situation donnée, j'ai remarqué que j'avais une posture par défaut, une autre caractéristique de nos héros. Cette posture est une espèce de centre de gravité, qui agit comme point de repère pour permettre au héros de revenir à son état « normal ». En ce qui me concerne, c'était la posture de sauveur, car c'était ma meilleure façon de régler un problème. Lorsque je cessais de me plaindre de la charge considérable de travail que j'avais sur mes épaules, je me disais que la meilleure façon de m'en sortir était de tout régler moi-même. C'était la posture la plus confortable pour moi, mais surtout celle qui était la mieux perçue aux yeux des autres, car il y avait des résultats tangibles et mes gestionnaires aimaient mieux que je règle des problèmes que de m'entendre me plaindre.

Les trois postures du triangle de Karpman sont dépendantes les unes des autres dans une sorte de symbiose. Par exemple, pour qu'un sauveur soit efficace, il a besoin d'un persécuteur et d'une victime. Le même principe s'applique d'un point de vue à l'autre.

Prenons un exemple où les trois postures se complètent : un collègue critique mon travail comme quoi les règles établies ne sont pas respectées et me demande de recommencer. Je suis surpris et mon réflexe est de me défendre en disant que j'ai fait ce qu'on m'a demandé avec les informations fournies. Mon collègue me relance et je me défends encore. Nous sommes dans une impasse et je fais appel à notre gestionnaire pour décider si je dois vraiment recommencer.

- Persécuteur : le persécuteur est mon collègue qui me critique.
- Victime : je suis la victime qui se défend.
- Sauveur : pour dénouer l'impasse, j'inclus notre gestionnaire comme sauveur.

Les trois postures peuvent être soit des personnes, des situations ou des concepts (réels ou imaginaires). Un exemple que j'entends très souvent est « l'entreprise ne veut pas », comme si on donnait corps et âme à une entité sociale et qu'on lui attribuait des choix et des valeurs. On va donc se plaindre qu'on ne peut pas changer quelque chose parce qu'on n'arrive pas à obtenir une approbation ou une direction claire.

Lorsque le héros adopte une posture, il cause une réaction pour enclencher les deux autres postures, que ce soit de manière volontaire ou instinctive. La dynamique ne fonctionne pas sans les trois postures en simultané.

« *Pour danser dans le triangle, si une personne jouant à la victime ne trouve personne pour la secourir ou la persécuter, elle changera d'environnement pour trouver quelqu'un avec qui jouer.* »
— Stephen Karpman, Le triangle dramatique : de la manipulation à la compassion

Quelques effets des héros dans l'entreprise

Comme dans toutes entreprises, il y a des problèmes en tout genre. Même si ceux-ci ne sont pas tous liés aux héros, ces derniers ne sont jamais bien loin. Voici six situations où l'on peut observer des comportements héroïques.

1. Avoir peu de disponibilité

« Je n'ai pas le temps ! »

« Je ne sais pas quand je vais pouvoir faire ça… »

Le héros, souvent le sauveur, a un agenda bien rempli et est rarement disponible lorsqu'on a besoin de lui. Lorsque vient le temps de prévoir une rencontre avec lui ou de demander son aide, on doit compétitionner avec les autres rencontres déjà à son agenda pour tenter d'obtenir sa disponibilité.

De multiples demandes provenant de plusieurs sources assaillent le héros au quotidien et créent une situation chaotique. Il n'est pas rare que le héros ait trois ou quatre rencontres simultanées dans son agenda puisque toutes semblent importantes et qu'il n'arrive pas à savoir quelles demandes refuser. Aussi, les gens l'invitent sans vérifier sa disponibilité. Puisqu'il en a rarement de toute façon, « on prend une chance ! ». Il en résulte une planification complexe, chargée de dizaines de rencontres au quotidien.

Le travail en ligne n'a fait qu'amplifier ce problème, car les gens ne sont qu'à un clic de la prochaine rencontre. Il n'y a plus de ces temps morts entre les réunions où il fallait changer de salle, d'étage ou de bâtiment. L'horaire est optimisé à la minute près. Il existe des assistants pour gérer l'emploi du temps et des solutions virtuelles pour prêter mainforte, mais ces outils ne font que traiter les symptômes d'un problème bien plus grand.

C'est très frustrant pour le héros. Non seulement il est seul pour répondre à toutes ces demandes, mais il sera incapable de le faire dans les temps voulus. Les requêtes seront repoussées et les rencontres écourtées pour qu'il se rende rapidement à la suivante. On empiète sur le temps du lunch ou on commence son quart de travail plus tôt et on termine plus tard. Pour finir, chacun doit se contenter d'un fragment de la valeur réelle du héros.

« On va prendre ce qui reste. »

2. S'arracher les héros

Qui dit héros occupé, dit lutte pour l'avoir dans son équipe. S'il n'est pas en mesure de prioriser du temps par lui-même, le combat de sa disponibilité va se jouer autour de lui. Pour le héros, c'est l'équivalent d'une sécurité d'emploi. Il s'agit donc d'un effet limitant pour l'entreprise, mais utile pour le héros, ce qui ne l'amène pas à vouloir contribuer à changer la situation.

Les héros sont les « ressources » les plus prisées dans l'entreprise. Ce n'est pas pour rien que leurs noms sont généralement bien connus. Puisqu'ils sont fiables, rapides et efficaces, ils sont essentiels pour gérer les risques d'un projet et garantir son succès. Certains les considèrent même comme le seul moyen d'y arriver. Il en résulte de multiples négociations en amont des projets pour sécuriser les héros dont on a besoin, et les échéanciers se retrouvent ainsi retardés ou compromis.

Lorsque les négociations échouent, on emprunte le héros en cannibalisant un projet ou une équipe. Ce genre de pratique affaiblit les équipes de travail, brise leur dynamique et compromet la productivité au profit d'un autre projet. Ce type d'action utilise généralement des phrases comme « on fait une exception pour cette fois-ci », « on va se serrer la ceinture et faire notre part », « on n'a pas le choix », « je me suis entendu avec la direction », « c'est hors de mon contrôle ».

Voici ce qui se passerait dans ce contexte si l'on considère les trois postures du triangle de Karpman. Le héros sauveur voudrait participer à l'activité la plus en vue (ou la mener). Grâce à ses succès passés, il n'a pas besoin de se vendre, les autres le font pour lui. Cela dit, il peut influencer l'attribution des tâches vers celle qu'il aimerait avoir en motivant son choix auprès des responsables de la planification. Il existe aussi un type de héros sauveur « malgré lui » qui est assigné dans les travaux parce que l'entreprise sait qu'il va sauver la situation. Toutefois, celui-ci n'a pas de poids dans la décision.

Le persécuteur aurait probablement orchestré le changement lui-même. Il sait *qui* est nécessaire pour réaliser le tout : lui-même ou un autre sauveur. Il influence directement le choix de la personne à assigner sur un projet puisqu'il fait partie des conversations à huis clos sur le sujet.

La victime apprendrait où il est assigné une fois que la décision est prise. Ce héros ne ferait pas partie des conversations et se plaindrait du fait qu'il aurait dû y participer. Il subit le changement, que ce soit de perdre le héros sauveur qui l'aidait ou de devoir partir pour un autre contexte de travail.

J'ai passé par toutes ces postures.

3. Éviter les absences

Avoir un héros bien en place est sécurisant, et son absence fait mal, aussi courte soit-elle. Son équipe et son gestionnaire sont nerveux à l'idée de s'organiser sans lui. Pour un héros, réussir à s'absenter est un défi. Personne ne peut diriger de la même façon que lui ni le remplacer. Aucune documentation ne sera assez exhaustive (si elle existe !) pour guider ceux qui doivent prendre le relais. Généralement, on limite la durée de son absence pour éviter les dégâts. S'il réussit à prendre congé pour plusieurs semaines, il sera joignable et se connectera à distance pour s'assurer qu'aucun problème majeur ne se produise.

J'observe ce phénomène tous les étés, mais aussi en début d'année ou lorsqu'un héros a planifié des congés en dehors de ces deux moments. La présence des héros est tellement importante que l'entreprise est incapable de s'en départir longtemps. Du moins, c'est ce que l'on croit.

4. Se surspécialiser

Le marché du travail d'aujourd'hui est très centré sur le développement de compétences tant au niveau académique que dans les formations continues et dans les certifications d'entreprise. Plus nous avançons dans notre carrière, plus nous sommes invités à développer un certain ensemble de compétences qui vont nous définir. Le curriculum vitae devient une carte de visite dont les compétences viennent expliquer aux gens ce que l'on fait comme travail.

Pour un héros, se spécialiser est naturel. Son expertise est reconnue dans toute l'entreprise, et même au-delà. C'est ce qui le démarque et lui permet de protéger son rôle. Très peu de gens peuvent s'opposer à lui ou le contredire, ce qui a pour effet d'accroître l'influence issue de son expertise. L'enjeu est d'avoir des héros surspécialisés qu'on doit occuper constamment. Lorsqu'une équipe a besoin d'une nouvelle spécialité, le service de recrutement ira chercher un autre héros sur le marché. Toutefois, les technologies et les besoins des entreprises changent très rapidement, entraînant un cycle sans fin. Cela encourage aussi un phénomène de rareté et il devient très difficile de pourvoir des postes spécialisés. Les héros sont conscients que d'autres personnes sur le marché détiennent les mêmes connaissances et qu'ils ne seront pas toujours une perle rare. Le héros trouve alors un créneau et laisse le pouvoir de la surenchère agir. C'est un jeu très lucratif pour lui.

On parle souvent de se démarquer, mais en fait, on prend en otage les entreprises avec les spécialités. Ces dernières ne réussissent pas toujours à trouver tous les spécialistes dont elles ont besoin et n'ont d'autres choix que de composer avec les spécialités auxquelles elles ont accès. Une entreprise ne peut alors pas démarrer des projets prioritaires, faute de spécialistes.

5. Prendre toute la place

Le héros aime prendre toute la place. Il le fait tant sur le plan physique et émotionnel que verbal. Il en a besoin pour jouer son rôle pleinement. C'est un travail constant pour le héros de conserver sa place.

Prendre toute la place laisse uniquement des rôles en arrière-plan pour les autres ; l'entourage immédiat du héros se retrouve donc dans l'ombre. Lorsque vient le temps de penser à quelqu'un pour résoudre une problématique, le nom du héros sort en premier même s'il y a d'autres personnes qualifiées qui ont le temps de le faire. Les autres autour du héros peuvent difficilement grandir et espérer avoir eux aussi un succès équivalent.

Voyons comment les postures du triangle de Karpman se manifestent dans ce contexte. Le persécuteur utilise ce qu'il considère être son droit acquis. Il argumente en disant qu'il est le seul en mesure de compléter une partie ou qu'il a déjà commencé, de sorte que donner le travail à quelqu'un d'autre est hors de question et inefficace.

Le sauveur surprotège les gens en gérant tout ce qui se passe. Il est le premier à dire « je m'en occupe ! » et si quelqu'un a réussi à le dire avant lui (bonne chance), le sauveur va s'inviter en disant : « Je vais participer aussi. »

La victime demande beaucoup de temps d'écoute pour être rassurée et convaincue. Il faut prendre en considération toutes ses préoccupations (et il y en a beaucoup !).

Prendre toute la place est l'un des symptômes les plus courants parce qu'il est clairement visible dans tous les types de rôles d'une entreprise. Je vois beaucoup de bons équipiers qui deviennent gestionnaires et qui ne réussissent pas à se départir de leur ancien rôle. Ils continuent d'exécuter leurs anciennes tâches ainsi que les décisions, malgré l'équipe compétente déjà mise en place.

6. Se comparer aux autres

On ne peut pas s'en empêcher : on se compare inévitablement aux autres. Lorsque vient le temps de se comparer à un héros, c'est généralement décourageant. On a l'impression qu'il joue dans une ligue à part. Pourtant, le héros est dans la même arène que tous les autres participants.

Ce phénomène est souvent observable dans les sports d'équipe. Une personne avec du talent semble jouer toute seule et se fout un peu du reste de l'équipe. Il a juste besoin qu'on lui passe le ballon et il va « s'arranger avec ça ». Pendant un temps, ce joueur va avoir du succès, jusqu'à ce qu'il soit confronté à une équipe qui joue vraiment ensemble. Il perdra et son équipe aussi. C'est aussi le cas du héros en entreprise.

Lors des évaluations annuelles et des mesures de rendement individuelles, les gens autour du héros peinent à briller. Ces personnes ne sont pas incompétentes, mais on les compare avec quelqu'un qui a un niveau d'expertise et de rendement très différent.

Il y a beaucoup de résistance lorsque vient le temps de mettre en place des outils de mesure de productivité. Je dois constamment prendre le temps d'expliquer l'utilité et surtout les bonnes façons d'utiliser ces données sans nourrir la crainte d'une mauvaise utilisation. La plupart des gens ont vécu des situations déplaisantes, voire marquantes, en étant comparés à d'autres. J'en ai vu aller jusqu'à saboter les mesures pour les rendre obsolètes. Personne ne veut se montrer vulnérable sachant qu'il y aura des conséquences. Je dois alors user de délicatesse et rebâtir leur confiance envers de telles mesures pour qu'elles fonctionnent.

Quelles sont les conditions pour être un héros ?

Être un héros est avant tout une attitude qui se développe à cause de la présence constante de comportements tels que :

1. Travailler seul.
2. Garder l'information pour soi.

3. Ne pas prendre de vacances.
4. Travailler en dehors des heures de travail.
5. Se rendre indispensable.
6. Être la seule personne qui peut régler un problème.
7. Endurer ses malheurs.
8. Penser que personne ne peut comprendre ce que l'on fait.
9. Obtenir le plus de mérite individuel possible.
10. Ne pas demander d'aide.

Plus ces comportements sont présents dans son quotidien, plus on a de chance d'être un héros.

Par exemple, travailler seul sur une base régulière ne veut pas dire qu'un collègue est automatiquement un héros. Mais s'il insiste pour travailler seul sur toutes ses tâches ou qu'il évite les rencontres de planification ou d'échange en équipe, la collaboration qu'on attend d'une équipe de travail se voit limitée.

Plus un collègue montre les comportements cités ci-haut, plus il a tendance à développer une attitude héroïque qui se caractérise par une ou plusieurs des postures vues précédemment, soit d'être persécuteur, sauveur ou victime. Rappelons-nous que les trois postures héroïques sont interdépendantes. Même si dans ses débuts un héros ne montre pas nécessairement toutes les postures, une dynamique va s'installer et se développer rapidement au fil du temps.

En résumé

Les héros se trouvent partout dans l'entreprise : ils font partie de notre quotidien et nous en sommes dépendants. Il faut apprendre à mettre des mots sur ce phénomène et oser en parler. L'utilisation du triangle dramatique de Karpman est un moyen pour reconnaître les postures héroïques et nous sensibiliser.

Trois postures héroïques pour comprendre le héros:

- Persécuteur : il impose sa loi et on doit s'adapter à lui.
- Sauveur : il est toujours là pour sauver la situation et on a toujours plus besoin de lui.
- Victime : il n'est responsable de rien et il focalise son attention uniquement sur ce qui ne fonctionne pas.

Des effets visibles du héros:

- La disponibilité du héros est complexe à gérer pour son quotidien et crée des retards.
- Les gens de l'entreprise vont s'arracher la disponibilité des héros en en cannibalisant la disponibilité entre leurs projets.
- La surspécialisation crée une rareté qui prend en otage les entreprises.
- Le héros prend toute la place au détriment des gens de son entourage immédiat.
- On ne gagne rien à se comparer au héros. Ses coéquipiers paraissent toujours moins bons, même s'ils sont compétents dans leur domaine respectif.

Conditions pour être un héros:

Plusieurs comportements sont susceptibles de développer une attitude héroïque tels que travailler seul, endurer ses malheurs, ne jamais demander d'aide ou se rendre indispensable. L'élément clé est la présence constante de ces comportements chez un même collègue qui alimente une ou plusieurs postures du héros.

Réflexions

Voici quelques questions pour pratiquer les postures et savoir les reconnaître en milieu de travail :

- Qui était le persécuteur, le sauveur et la victime lors de votre dernière réunion ?
- Avez-vous entendu des expressions ou phrases clés qui s'apparentent au persécuteur, au sauveur ou à la victime ?
- Avez-vous tendance à utiliser une posture héroïque ou plusieurs d'entre elles ?

À cette étape-ci, vous commencez à comprendre le genre d'attitude qu'adoptent les héros et surtout qu'ils sont reliés à des problématiques connues en milieu de travail. Toutefois, ce n'est que la pointe de l'iceberg. Dans le prochain chapitre, on verra que les effets pervers et nocifs en entreprise s'étendent au-delà du héros.

3

LE PHÉNOMÈNE RONGE VOTRE ENTREPRISE DE L'INTÉRIEUR

C'ÉTAIT un vendredi en fin de journée. Presque tout le monde était parti sauf une collègue et moi. J'essayais d'accomplir un peu plus de tâches avant de partir pour la fin de semaine. J'avais *enfin* la paix et je pouvais me concentrer. J'étais frustré, fatigué et tanné d'avoir eu des dizaines de problèmes et d'avoir pris du retard durant la semaine. Je devais jongler avec deux rôles distincts que j'occupais simultanément.

Ma collègue m'a posé une question toute simple concernant ce qu'elle devait faire avec la feuille de temps d'un autre collègue. Ma réaction fut instantanée :

« Ben voyons, comment ça, c'est pas clair ? Tu as juste à mettre ça dans... »

Toute ma frustration et ma fatigue avaient explosé dans ma réponse. Je me demandais pourquoi elle me posait encore cette question-là. Je n'avais aucune envie de l'aider ni d'interrompre mon travail, surtout pas à cette heure-là ! Je me souviens de sa réponse avec sa petite voix, qui tentait de s'excuser et de se justifier maladroitement. Sa respiration entrecoupée était teintée d'une émotion que mon cœur avait comprise avant mon cerveau.

Elle pleurait.

Ma collègue ne méritait aucunement d'écoper de ma frustration et de ma fatigue du moment. J'étais allé trop loin dans mon désir d'être efficace, et le héros persécuteur avait pris le dessus.

Nous avons vu dans le chapitre précédent des effets liés au héros qui sont facilement visibles dans une panoplie de situations. Ce chapitre expose des pratiques d'apparence noble en entreprise, mais perverties par la dépendance aux héros. Il en existe d'autres, mais celles qui suivent sont suffisantes pour avoir une vision plus complète du phénomène.

1. Acquisition de talents

Les offres d'emplois que je reçois commencent presque exclusivement par « est-il temps pour vous d'avoir de nouveaux défis ? » suivi par une longue liste d'avantages sociaux. Le tout pour nous attirer dans un jardin supposément plus vert.

Une tendance que j'observe énormément, surtout sur LinkedIn, est le fait de rechercher des « talents ». Les gens s'en font même un titre comme « spécialiste en acquisition de talents » ou autres dérivés. Ils aiment les CV, les mandats exécutés, les connaissances et les certifications obtenues. La notion de recrutement et celle d'aller « chercher » quelqu'un n'ont rien de mauvais, mais en réalité, les gens ne cherchent pas une personne, seulement des talents.

Ces spécialistes recrutent des talents précis et non une personne. Un candidat peut posséder les talents souhaités, mais une attitude ne correspondant pas vraiment à la culture d'entreprise. On accordera tout de même plus d'importance au talent recherché qu'à l'ensemble des valeurs et attitudes du candidat. En trouver un qui partage les mêmes valeurs et attitudes que l'entreprise est difficile. De plus, apprendre de nouvelles compétences est plus facile et il y a beaucoup plus de ressources pédagogiques pour y arriver. Frédéric Laloux (2014) aborde aussi ce point dans son livre *Reinventing Organizations: A Guide to Creating Organizations Inspired by the Next Stage of Human Consciousness*.

Un autre mot : « acquisition ». En quoi embaucher quelqu'un est-il en lien avec une acquisition ? Ce n'est pas comme s'il y avait une étagère où on sélectionne son produit. C'est tout de même ce que l'on met en avant-plan dans tous les CV. Embaucher quelqu'un, c'est créer un lien de collaboration qui va dans les deux sens et n'a rien à voir avec un employeur « possédant » les talents de ses employés.

Ces spécialistes en acquisition de talents sont en fait des gens qui cherchent précisément des héros. Pour décrocher des emplois, on écrit son propre CV héroïque et on entre dans la danse parce qu'on se dit que « c'est comme ça que ça marche ».

2. Carrière héroïque

Le héros aime changer de poste plus d'une fois. Tout comme l'entreprise qui a des objectifs de croissance, il veut lui aussi croître dans sa carrière. Une fois qu'il maîtrise son poste ou atteint ses limites, il en cherche un meilleur. Il est sain de réaliser ses propres limites et d'aspirer à d'autres défis. Toutefois, les raisons qui motivent ce changement chez le héros le sont beaucoup moins ; il est en quête de pouvoir, d'influence, de gain financier et de visibilité. Ceci est tout le

contraire des phrases nobles que les publicités de recrutement nous disent : « Viens faire une différence avec nous. »
La vraie question que le héros se pose est : « Combien vais-je
gagner et quels pouvoirs vais-je avoir ? » Si les éléments
argent et pouvoir sont clairs et alléchants, la description du
poste devient secondaire.

Notre succès se mesure par un salaire élevé et un grand
pouvoir de décision. On explique sa réussite et son cheminement à ses amis et à sa famille à l'aide de ces deux aspects.
N'avez-vous pas entendu le cliché de la mère qui veut que
son enfant soit médecin ou avocat pour garantir son succès ?
La mère veut que son enfant ait un bon salaire et de l'influence, autant pour son enfant que pour elle.

Dans ma carrière, je n'ai jamais entendu quelqu'un me
poser clairement la question : « Combien vais-je gagner et
quel pouvoir d'influence aurai-je dans l'entreprise ? » Même
si ce sont les deux points essentiels à discuter, une entrevue
ne se déroule pas comme ça. Si c'était le cas, on pourrait
croire que le héros ne se préoccupe pas du travail qu'il va
accomplir dans l'entreprise.

En fait, lorsque le héros pose sa candidature sur un
poste, il croit fermement qu'il mérite de l'obtenir. Toutefois,
pour bien paraître, il joue le jeu de l'entrevue pour expliquer
qu'il est un bon « joueur d'équipe », qu'il soutient les valeurs
de l'entreprise et qu'il voit comment ses compétences sont
pertinentes pour le succès de l'entreprise. Selon moi, c'est de
la poudre aux yeux.

3. Les héros forment des héros

« Je vais te montrer comment ça marche pour vrai. »

— D'un héros à un futur héros

Avant de quitter un poste pour un nouveau, un héros forme la prochaine génération de héros. Il s'assure qu'une relève adéquate continuera son travail en prenant sous son aile une personne digne d'hériter de ses connaissances. Cet héritier est généralement un collègue qui est déjà dans l'entourage immédiat et démontre une attitude similaire à celle du héros. Ce dernier fait des recommandations à la gestion pour choisir lui-même son héritier et éviter de se le faire imposer.

Une pratique courante dans les entreprises est de fonctionner par un système de parrainage ou de mentorat où un collègue junior est jumelé avec un collègue sénior. La pratique en soi est excellente, mais le héros l'utilise pour en former d'autres à son image. Cette façon de faire sournoise est invisible puisqu'elle s'intègre à une pratique bien connue et autorisée par l'entreprise. Le héros peut alors transmettre librement sa manière de penser à son successeur.

Je me souviens d'une rencontre en particulier où j'ai vu cette situation à l'œuvre. J'étais avec un collègue et notre mission était de présenter les nouvelles bonnes pratiques du marché à deux autres collègues. L'un était un héros et l'autre, son apprenti. Plus la conversation avançait, plus le héros montrait de la résistance face aux nouvelles pratiques jusqu'au moment où il s'est tourné pour dire à son apprenti : « Tu vois comme c'est important de ne pas se laisser influencer par ce genre d'idées. Nos pratiques sont déjà bonnes comme elles sont. »

En un instant, il venait de rejeter les bonnes pratiques reconnues du marché. Malgré notre intention de l'aider, son objectif était de préserver ses connaissances, son expertise et surtout de ne pas avoir à changer. Le plus difficile était d'observer comment le héros transmettait sa résistance à son apprenti. Mon collègue et moi avons échangé un regard plein de déception. À ce moment, nous avons compris la même chose : un nouveau héros était né.

4. L'illusion du mode multitâche

J'ai passé des années à tenter de gérer au mieux de multiples demandes en même temps. C'était un véritable enfer ; je devais constamment gérer 5, 10 et même 20 demandes à la fois, et je perdais énormément de temps à essayer de trouver une méthode efficace pour m'en sortir. Au final, je n'y suis pas arrivé.

Les descriptions de tâche demandent fréquemment aux candidats de posséder une « capacité à travailler en mode multitâche ». Toutefois, l'accomplissement efficace de tâches simultanées est une illusion. Le héros doit alors prétendre qu'il est capable de le faire. Quand on lui assigne plusieurs tâches à la fois, il perd du temps en passant d'une à l'autre pour « se remettre dedans ». Ce temps perdu n'est pas pris en compte au départ. On estime plutôt qu'on peut efficacement enchaîner les tâches les unes après les autres. Pourtant, les imprévus et les retards viennent interrompre le travail et deviennent une source de distraction : le téléphone sonne, une information manque, etc.

Lorsque l'entreprise tente d'optimiser le temps de tous les travailleurs, le même problème se produit pour l'équipe entière. La vidéo *The Resource Utilization Trap* (Crispagileacademy, s. d.) (voir la section *Ressources*) d'Henrik Kniberg explique bien les effets du mode multitâche et du coût qu'il représente.

Kniberg (2011) propose un exercice, le *Multitasking Name Game* (voir la section *Ressources*), qui illustre bien les effets du temps perdu entre les tâches. L'exercice est d'écrire une liste de prénoms en utilisant deux méthodes différentes : la première en commençant à écrire tous les prénoms en même temps (mode multitâche) et la deuxième, un prénom à la fois. La dernière fois que j'ai fait l'exercice chez un client, il y avait une différence de 700 % de temps requis supplémentaire en utilisant le mode multitâche, malgré la présence de héros pour tenter d'aller plus vite.

Voici ce qui se produit avec le mode multitâche si l'on reprend les trois postures dynamiques du triangle de Karpman. Pour le héros persécuteur, le mode multitâche est une nécessité. Il ne voit pas de problématique, car selon lui il suffit d'être plus efficace à gérer son temps, et les « estimés » seront respectés. « C'est comme ça partout, alors fait avec. »

Le héros sauveur fait tout en son pouvoir pour réaliser le plus de tâches en même temps. Il est conscient que le fonctionnement en multitâche est problématique, mais il compose avec ce fait lui aussi.

Le héros victime se plaint de cette situation et il dira à tous ces collègues qu'elle est inefficace.

Je me souviens d'un moment où j'avais décidé d'exposer le problème à mon gestionnaire en sortant la liste complète des 45 demandes en cours avec leurs délais d'attente. J'avais décrit toutes les raisons pour lesquelles l'équipe n'était pas efficace dans un long courriel. Je voulais le coincer et lui prouver que j'avais raison, ce à quoi il a répondu : « Si tu as le temps d'écrire ce genre de courriel, c'est que tu n'es pas vraiment occupé ! » Je ne me suis plus jamais plaint de nouveau à ce sujet auprès de ce gestionnaire, même si j'en subissais les effets néfastes dans mon quotidien.

5. L'échec et les erreurs n'existent pas

Héros et échecs ne font pas bon ménage. Un héros évite à tout prix qu'un tel scénario se produise, car les erreurs menacent son titre. Pour chaque posture de héros, la relation avec l'échec est différente : le sauveur carbure aux scénarios impossibles, l'échec n'est donc jamais une option ; le persécuteur n'ose jamais se mettre dans un tel embarras (ce sont les autres le problème) ; et la victime est un prophète qui prédit tous les problèmes qui peuvent survenir.

Le héros n'a pas le temps pour l'échec et les erreurs. On lui demande d'être bon tout de suite et tout le temps. Il excelle à faire l'étalage de ses succès et à dissimuler ses erreurs. Il doit rester en contrôle de la situation sans jamais montrer ses difficultés et ses doutes. Ses erreurs, le cas échéant, doivent être corrigées sans être mentionnées. L'entreprise mise tout sur lui : un héros qui échoue est vite remplacé par un autre qui promet de réussir.

En tant que héros, j'ai passé beaucoup de temps à corriger mes erreurs en cachette. J'avais vraiment l'impression que je n'avais pas le droit à l'erreur et que, en tant qu'expert, je me devais d'avoir les réponses à tout, en donnant le bon exemple. Les phrases comme « c'est toi l'expert » ou « je t'ai engagé pour ça » venaient grandement renforcer ce sentiment.

Ce fameux droit à l'erreur, je l'observe peu dans les entreprises que j'accompagne. Non pas qu'il soit interdit de commettre des erreurs, bien au contraire. Cependant, les employés croient qu'ils ne sont pas autorisés à en faire, que ce soit à cause d'expériences antérieures qui les ont marqués ou parce que leurs collègues semblent ne jamais en faire.

Faire des erreurs fait partie du processus d'apprentissage.

Pour devenir meilleur et maîtriser quelque chose, il faut essayer, échouer, et se relever. Puis d'une fois à l'autre, on s'améliore. Ces erreurs sont cruciales pour apprendre, même pour le héros. Toutefois, celui-ci évite de rendre visibles ses erreurs, car il est l'expert et il croit que cela le rendrait moins fiable aux yeux de ses collègues. Pourtant, son entourage bénéficierait de voir le héros échouer et apprendre de ses erreurs. Ce héros pourrait ainsi normaliser les erreurs comme étant une étape d'apprentissage et même chez les experts.

Les entreprises encensent de plus en plus le concept « d'entreprise apprenante », mais elles enlèvent le meilleur moyen pour y arriver. On veut des gens bons tout de suite, sans vouloir investir dans le temps nécessaire pour les faire grandir. Ce besoin d'expertise instantanée limite les chances pour quelqu'un qui tente d'entrer sur le marché du travail sans avoir d'expérience ou pour un expert qui souhaite changer de domaine d'expertise.

Accepter de faire des erreurs pour apprendre est un état d'esprit qu'il faut cultiver. Carol S. Dweck (2006) explique dans son livre *Mindset: The New Psychology of Success* que cette attitude se développe en adoptant un état d'esprit évolutif (*Growth mindset*) plutôt que fixe (*Fixed mindset*). Un état d'esprit évolutif s'appuie sur des caractéristiques telles que les capacités et les talents peuvent croitre, l'apprentissage est essentiel, l'expérimentation est valorisée, les défis sont bienvenus, les erreurs apportent des leçons et la résilience est la clé pour faire face aux difficultés. Le héros est surtout dans un état d'esprit fixe où les erreurs sont perçues comme des taches dans son parcours.

La vie n'est pas qu'une suite de succès. Les erreurs, les embûches et les échecs font partie du voyage. Robby

Slaughter (2010) l'explore très bien dans son livre *Failure: The Secret to Success* en disant que le véritable échec est le moment où on cesse d'essayer. Les erreurs et les embûches sont inévitables. Si on essaie de ne jamais commettre d'erreurs, on met toute son attention dans les moyens pour les éviter plutôt que d'en tirer des leçons. On doit échouer plusieurs fois avant d'espérer avoir du succès et la persévérance permet d'apprendre et de grandir.

6. Décourager le changement et l'innovation

« Ça a toujours marché comme ça. »

Phrase typiquement utilisée par les héros. Je la vois également dans des livres où on nous prévient du danger qu'elle représente. Accueillir le changement et l'innovation est une menace pour le héros, car cela implique d'ajouter des activités dans une liste déjà trop pleine, d'apprendre de nouvelles choses et de risquer de perdre un temps précieux. Le héros préfère ne pas changer ce qui fonctionne déjà : mieux vaut attendre qu'on soit obligé de changer quelque chose plutôt qu'être proactif. Être proactif coûte cher et ne vient pas avec une médaille pour féliciter le héros de sa réussite.

Le héros sait comment décourager les tentatives d'amélioration qu'il ne juge pas essentielles ou qui ne sont pas les siennes. Plus le héros critique négativement les idées de ses collègues, plus ceux-ci finissent par se résigner et cessent de proposer des idées. Les nouveaux employés, qui arrivent tout fraîchement sortis des bancs d'école avec plein d'espoir et d'idées, se font éteindre leur passion pour le travail en quelques semaines. Ces nouveaux employés décident soit de se plier à cette réalité, soit de quitter l'entreprise peu après.

La créativité et l'innovation demandent un environnement stimulant où il est normal d'expérimenter avec de nouvelles idées. Il faut l'investissement et le soutien des entreprises pour créer ce type d'environnement. Toutefois, celles-ci investissent surtout sur l'optimisation du temps de leurs employés, car trop de choses restent à faire alors qu'une date promise approche à grands pas. On encourage les employés à essayer des choses, sur leur propre temps, sans les soutenir financièrement pour le temps qu'ils ont investi. L'employé se résout à réaliser des travaux d'innovation en dehors des heures normales de travail, ce qui le pousse à faire des heures supplémentaires.

Même si certains milieux de travail autorisent du temps « pour penser », les employés se sentent coupables de ne pas être productifs. Ils vont se prévoir une petite demi-heure le vendredi après-midi en espérant avoir des idées rapidement pour éviter de « gaspiller » du temps. Ce fameux temps pour penser est le premier à être sacrifié si jamais la moindre chose survient.

Dans ce type de milieu, les gens ne développent pas beaucoup leurs compétences, les nouvelles idées sont rares et les héros entretiennent une image de productivité irréaliste à suivre.

7. L'invincibilité du héros

Lorsque j'étais bien ancré dans mon attitude héroïque, j'ai compris quelque chose : j'étais invincible. Ayant bâti une solide réputation de sauveur, j'étais devenu la seule personne indispensable pour garantir la réussite des projets et je pouvais abuser des règles en place.

Je pouvais dire et faire presque n'importe quoi sans en subir les conséquences. J'étais persuadé que l'entreprise n'oserait jamais me renvoyer. Je recevais l'occasionnel coup sur les doigts, mais rien qui n'avait d'effet sur mon salaire ou mon pouvoir d'influence dans l'entreprise.

Je pouvais demander des faveurs, imposer ma place, utiliser un langage insultant, rabaisser ou mettre la faute sur un collègue. Le plus malsain est que je pouvais utiliser ces tactiques volontairement pour obtenir ce que je voulais. Heureusement, j'ai réalisé à ce moment à quel point ce genre d'attitude était déplacé. Le problème était que je savais que l'entreprise me soutiendrait quand même, et que mes gestionnaires allaient minimiser l'impact négatif de mes actions sur mes collègues et s'excuser à ma place.

L'entreprise est prête à accepter ce genre d'attitude si elle obtient le succès que le héros lui apporte. Le héros obtient alors une sorte d'invincibilité où l'entreprise le déresponsabilise, car elle valorise plus les résultats du héros que sa manière d'y parvenir.

En résumé

Les héros agissent à tous les niveaux, que ce soit sur le plan individuel, dans notre entourage immédiat ou dans l'entreprise en général. Même si l'on apprécie grandement les résultats que le héros produit, cela entraîne des problématiques qui rongent l'entreprise de l'intérieur et créent une culture désagréable, voire nocive.

Parmi ces effets invisibles, mais bien présents, on compte :

- Le recrutement qui se concentre à trouver des héros au détriment de la culture d'entreprise voulue ;
- Le salaire et le pouvoir qui propulsent le héros dans sa carrière ;
- Le héros qui forme la future génération de héros ;
- Le mode multitâche inefficace qui crée l'illusion que le héros y arrivera ;
- La dissimulation de l'échec et des erreurs qui privent l'entreprise et les gens d'un apprentissage nécessaire ;
- Le changement et l'innovation qui sont découragés par les héros ;
- Les héros développant une invincibilité qui leur évite d'assumer les conséquences de leurs actes.

Avant de continuer l'exploration du phénomène de la culture des héros, prenons du recul. Le prochain chapitre nous amène à réfléchir sur les trois postures du héros et les effets décrits jusqu'à maintenant.

4
NE PAS PARTIR À LA CHASSE AUX HÉROS

Après avoir découvert les trois postures des héros et leurs effets, il est plus facile de les identifier dans son entreprise. Toutefois, il faut aussi résister à l'envie de partir à la chasse aux héros. L'environnement de travail dans lequel ces derniers évoluent les a menés à développer une attitude héroïque pour y survivre. L'humain s'adapte à son environnement et agir de façon héroïque est un résultat de cette capacité d'adaptation.

Les sections suivantes permettent de réfléchir sur le contenu des premiers chapitres et d'éviter de juger trop rapidement les héros qui nous entourent.

Utiliser les trois postures pour expliquer et non pour juger

Lorsque j'ai découvert le triangle de Karpman avec les postures de persécuteur, de sauveur et de victime, j'ai tout de suite commencé à les voir chez mes collègues, mes amis et ma famille. J'identifiais les postures de chacun et je vérifiais si j'agissais de façon similaire dans mon propre travail. J'ai rapidement cessé d'étiqueter mon entourage, car je jugeais rapidement sans avoir une réelle compréhension de la situation. Je jugeais les personnes plutôt que leurs actions.

Il ne faut pas se mettre à pointer les gens en leur attribuant des postures simplement parce qu'on reconnaît un attribut ou qu'un collègue a dit une phrase telle que « c'est hors de mon contrôle » comme je l'ai mentionné dans les chapitres précédents.

L'objectif des trois postures est simplement d'expliquer la dynamique des héros. On doit rester prudent avec les étiquettes qui peuvent être blessantes. La meilleure façon de les utiliser est de dire que l'on « observe un comportement de héros », tout simplement. Il est aussi judicieux d'expliquer les trois postures à ses collègues avant d'en parler pour éviter une mauvaise interprétation des observations.

À votre tour

Prenez un moment pour écrire vos pensées concernant les trois postures de héros persécuteur, sauveur et victime. Voici quelques questions pour guider cette réflexion (voir le gabarit disponible dans la section *Ressources*) :

- Quels sont les comportements de héros que j'observe dans mon environnement de travail ?
- Pour chaque comportement identifié, quelle posture est la plus appropriée : persécuteur, sauveur ou victime ?
- Ai-je tendance à agir comme un héros ? Si oui, quelles sont les postures que j'adopte ?

- En quoi les trois postures sont-elles utiles dans mon environnement de travail ? Que permettent-elles d'accomplir ?

Reconnaître les effets des héros dans votre milieu de travail

Les effets décrits dans les chapitres 2 et 3 sont les plus courants dans les entreprises. Ils peuvent être présents ou non selon le type d'entreprise dans laquelle vous travaillez. Une PME n'a pas les mêmes processus internes qu'une grande entreprise, ni un organisme public ou un organisme gouvernemental. Il est donc possible que certains effets héroïques ne soient pas aussi marqués que d'autres. Si certains effets héroïques ne sont pas présents dans votre entreprise, les connaître pourrait aider à les éviter.

À votre tour

Voici quelques questions pour reconnaître les effets qui sont présents dans votre entreprise (voir le gabarit disponible dans la section *Ressources*) :

1. Quels effets avez-vous observés dans votre entreprise ? Encerclez-les.

- Disponibilité compliquée
- S'arracher les héros
- Éviter les absences
- Surspécialisation
- Prendre toute la place
- Comparaison entre nous

- Acquisition de talents
- Carrière héroïque
- Les héros forment les héros
- L'illusion du mode multitâche
- L'échec et les erreurs n'existent pas
- Décourager le changement
- L'invincibilité du héros

2. Comment les héros contribuent-ils à accentuer les effets sélectionnés ?
3. Quel effet est le plus présent dans votre entreprise ?
4. Comment l'effet le plus présent a-t-il influencé votre travail ?
5. Y a-t-il d'autres effets qui sont causés par les héros de votre entreprise ?

Identifier le point de bascule

Vous souvenez-vous de mon histoire où j'ai atteint le summum de mon attitude héroïque et fait pleurer quelqu'un ? Voici la suite.

Quand j'ai réalisé que j'étais allé beaucoup trop loin, je me suis excusé. Mais le mal était déjà fait. J'avais dépassé une limite et il y aurait des conséquences. Je me suis senti très mal toute la fin de semaine : stressé, accablé et dégoûté de mon attitude. C'est à ce moment-là que j'ai véritablement commencé ma transformation.

J'ai pleuré.

Je me souviens aussi d'avoir écrit à ma gestionnaire du moment pour lui expliquer la situation. J'avais besoin d'en faire une attestation. Une affirmation que quelque chose ne fonctionnait pas bien. Dans mon esprit, je me souviens que quelque chose a basculé ce jour-là. C'était un point de non-retour. J'allais trouver une autre façon de me comporter, et ce, même si personne ne voulait m'aider.

J'ai pris une décision.

Depuis longtemps, les gens autour de moi me conseillaient de quitter la compagnie, d'aller ailleurs et de ne plus endurer cette situation qui s'envenimait depuis des années.

C'était un fait : je n'étais pas heureux au travail. Mais ce qui était très clair pour moi était que si c'était arrivé dans cette compagnie, ça pouvait se produire dans une autre. *Si je ne trouvais pas comment régler la situation maintenant, j'allais la revivre plus tard.*

Cette réalisation m'a convaincu que je devais agir maintenant. Le lundi matin suivant, je n'avais pas encore trouvé de solution, mais j'avais une intention très précise : une volonté inébranlable de régler cette situation problématique.

C'est devenu la raison qui m'a permis de m'observer différemment et de tenter de comprendre l'ampleur du problème. J'étais conscient que mon entourage et l'organisation dans laquelle j'étais exerçaient nécessairement une influence sur mon attitude.

Le problème était plus grand que moi et j'ai voulu le comprendre.

À votre tour

Je ne m'attends pas à ce que vous ayez une histoire aussi forte en émotions pour apporter un changement. En fait, j'espère sincèrement que vous n'avez pas vécu, ou ne vivrez pas, ce genre de situation. J'ai appris beaucoup de mes actions, mais celles-ci ne s'effacent pas.

Un ami me dit souvent : « Tu peux enfoncer des clous dans une planche, mais quand tu les enlèves, les trous sont toujours là. »

Que vous soyez le héros ou que vous soyez entouré d'un ou de plusieurs héros, cet exercice sera bénéfique. Il vous aider à cibler la raison de vouloir changer l'attitude héroïque et à valider si les tactiques présentées dans les prochains chapitres auront l'effet escompté. Être conscient de quelque chose est la première étape d'un changement.

Répondez aux questions suivantes en utilisant des phrases commençant par « je » (voir le gabarit disponible dans la section *Ressources*) :

- Pourquoi est-ce que je veux comprendre l'attitude héroïque dans l'entreprise où je travaille ?
- Pourquoi est-ce que je veux changer l'attitude héroïque autour de moi ou la mienne ?
- Quelles sont les questions que j'ai présentement en tête et pour lesquelles j'aimerais obtenir des réponses ?
- Quels sont les attentes ou les souhaits que j'ai face à ce changement ?
- Quelles sont les émotions que j'éprouve en ce moment face à l'attitude héroïque ?
- À quel genre de relation est-ce que j'aspire avec mes collègues de travail ?

Dans les prochains chapitres, nous découvrirons des tactiques qui peuvent être utilisées afin de contrer le phéno-mène des héros.

5

SIX TACTIQUES POUR DÉJOUER LES HÉROS AU QUOTIDIEN

« Il n'y a rien qui marche ! »
— *Mon collègue du moment*

LORSQUE J'ARRIVAIS le matin au bureau et que mon collègue me disait ça, le héros en moi était automatiquement activé et j'étais prêt à affronter n'importe quelle situation. Mon collègue avait à peine besoin de me donner de l'information que le problème était clair à mes yeux et les solutions émergeaient rapidement dans mon esprit.

Je prenais le contrôle même si ce n'était pas ce que mon collègue voulait. Je présumais que, si on me demandait de l'aide, je devais tout régler. Si mon collègue me présentait le problème à son écran, j'allais jusqu'à prendre la place à son bureau.

Je finissais toujours par régler la situation, mais chaque fois qu'un nouveau problème se présentait, je prenais toute la place sans prendre la peine d'expliquer. Mes collègues n'apprenaient pas grand-chose et, éventuellement, revenaient avec des questions similaires que je devais régler à nouveau. C'était exaspérant.

Travailler au quotidien avec un ou plusieurs héros est ardu. Les employés qui subissent la pression des héros ignorent souvent comment se sortir des situations difficiles décrites dans les chapitres précédents. Les six tactiques qui suivent sont utiles pour résoudre rapidement plusieurs problèmes fréquents en entreprise. Elles peuvent s'utiliser séparément ou être combinées. Essayez-les dès maintenant et vous verrez des effets immédiats sur les héros qui vous entourent.

1. Cesser de dire « oui, mais »

En lisant le livre *Coaching Agile Teams: A Companion for ScrumMasters, Agile Coaches, and Project Managers in Transition* de Lyssa Adkins (2010), j'ai commencé à observer chez moi la quantité de « oui, mais » que je disais par minute. C'était ma façon typique de répondre à presque tout afin d'imposer mon opinion dans une conversation.

Lorsque quelqu'un utilise « oui, mais » pour commencer une phrase, cela crée automatiquement un choc d'idées. Les deux personnes s'accordent sur une partie de ce qui a été dit tout en ayant un ou plusieurs éléments d'exception qui suscitent le débat. À première vue, il n'y a pas de problème, sauf que « oui, mais » met l'accent sur l'exception qui suit en écartant la première partie où il y avait un accord.

Les « oui, mais » s'empilent les uns après les autres et c'est le dernier « oui, mais » qui est retenu. Autrement dit, l'idée de base est complètement rejetée ainsi que celles ajoutées au fil de la discussion. On part sur une tangente et le cœur de la discussion est vite oublié. Les « oui, mais » n'incluent pas les idées, ils les excluent. Ce n'est pas un oui, ce n'est pas un non, c'est une esquive. La majorité des gens évite les conflits et l'utilisation du « oui, mais » est une façon simple d'y arriver. Voici un exemple de conversation où « oui, mais » domine. L'exemple est un échange entre deux collègues qui se relancent en commençant toujours par « oui, mais » :

« On devrait choisir cette formation pour nos employés, qu'en penses-tu ?

- Oui, mais j'ai vu qu'on a déjà donné une autre formation le mois dernier sur un sujet similaire.
- Oui, mais celle-ci est vraiment plus pertinente avec le nouveau projet qui commence.
- Oui, mais on n'a pas le budget nécessaire.
- Oui, mais je croyais que c'était dans un autre budget.
- Oui, mais ça, c'était uniquement pour l'année dernière.
- Oui, mais l'équipe n'aura pas les connaissances nécessaires.
- Oui, mais je ne contrôle pas les budgets ! »

Dans ce genre d'exemple, les deux personnes se relancent sans cesse et on a l'impression qu'il n'y aura pas vraiment de fin avant que l'une d'elles ne capitule. La première phrase « On devrait choisir cette formation pour nos employés, qu'en penses-tu ? » était une invitation pour avoir une opinion. Toutefois, chaque « oui, mais » repousse le « oui, mais » précédent et la conversation se complexifie à chaque tour. La formulation n'est pas mauvaise en soi, mais lorsqu'on l'utilise trop souvent, elle distrait l'interlocuteur de l'idée principale.

La première idée s'efface rapidement par les relances et on termine la conversation sans réellement avoir répondu à la question du début de la conversation : « Qu'en penses-tu ? » De plus, cette conversation laisse une mauvaise impression. La première personne risque alors de ne plus demander l'opinion à la deuxième ou même à personne d'autre. Dans ce cas-ci, on finit par croire que c'est impossible d'avoir une formation parce qu'il n'est pas possible d'avoir le budget nécessaire. À quoi bon demander ?

Le héros est excellent dans ce type de joute verbale. Il connecte rapidement les idées ensemble et il trouve un « oui, mais » correspondant à chaque fois. Il peut aussi éviter tous les « oui, mais » et sauter directement au dernier. Si on prend uniquement la première phrase et le dernier « oui, mais », on obtient une réaction très vive : « On devrait choisir cette formation pour nos employés, qu'en penses-tu ? — Oui, mais je ne contrôle pas les budgets ! » Ce genre de réponse rend difficile pour un collègue de converser avec le héros et augmente les risques d'incompréhension. Une demande simple devient rapidement complexe.

Le héros utilise les « oui, mais » pour différentes raisons. Étant l'expert, il défend son point de vue avec cette formulation en s'assurant que tous les détails ont été pris en compte. Il peut aussi éviter une conversation malaisante et les « oui, mais » permettent de faire diverger le sujet. Une autre raison serait de garder l'attention de ses collègues pour diriger la conversation sur un sujet qui l'intéresse plus que le sujet d'origine. Les « oui, mais » permettent aux héros de manipuler la conversation à leur avantage.

Les longs « oui, mais » causent des divergences similaires

et le héros apprend à les utiliser avec autant d'efficacité. Par exemple :

« Oui, je comprends que la décision a été prise à la dernière rencontre, et je suis d'accord que les enjeux sont complexes et qu'il faudra trouver des moyens innovants pour y arriver, mais il faut comprendre que nous n'avons pas le choix ici. »

Ce n'est pas en ajoutant des mots entre « oui » et « mais » que la manipulation s'estompe. Toutefois, les gens le remarquent moins.

Au lieu de dire « oui, mais », dites « oui et ».

Le « oui et » indique quelque chose de plus inclusif. Le « oui » confirme que vous avez entendu et compris ce que la personne vient de dire, et le « et » ajoute quelque chose de votre part. Ainsi, les deux idées sont mises ensemble, l'une à côté de l'autre, plutôt que l'une par-dessus l'autre. Le « oui et » ouvre la discussion pour créer quelque chose de collaboratif qui émerge de ces deux idées. La formulation permet aussi à l'une des deux idées d'être la meilleure alternative du moment et montre qu'on est prêt à l'accepter.

« J'ai une idée pour le design du document.

- Oui et j'ai trouvé des exemples dans les archives.
- Oui et je pense qu'on pourrait faire un montage.
- Oui et ça pourrait servir pour un autre document.
- Oui et ça serait un style qui pourrait être utilisé dans toute l'entreprise ! »

On voit ici comment chaque idée construit sur la précédente et crée une conversation positive et inclusive. Il n'y a pas de mauvaise idée et c'est plus fluide. Les deux personnes vont dans le même sens et cherchent à créer quelque chose.

Le but avec «oui et» est d'avoir un langage clair qui amène les gens à participer et d'éviter ainsi que le héros ne domine la conversation. C'est la tactique la plus simple à utiliser avec un maximum d'impact sur les héros.

S'exercer

- Utilisez le gabarit (voir la section *Ressources*) pour compter le nombre de « oui, mais » dans une rencontre. Ceci vous permettra de développer votre écoute et d'avoir une meilleure sensibilité à cette formulation.
- Corrigez-vous lorsque vous dites « oui, mais ». Reprenez-vous sur-le-champ avec la formulation « oui et ». Il faut du temps pour changer ce réflexe et il est plus efficace de le faire tout de suite que d'attendre à la prochaine occasion.
- Concentrez-vous sur vous-même plutôt que sur les autres. Vos efforts et votre nouvelle habitude influencent les autres et vous donnent l'occasion d'expliquer pourquoi vous ne dites plus « oui, mais ».

2. Dire non

Je me souviens d'une rétrospective d'équipe en particulier, ce moment où l'équipe appui sur pause afin de s'observer et d'ajuster ses façons de faire afin de s'améliorer. Je n'étais pas celui qui facilitait la rencontre, mais j'étais présent en tant qu'observateur pour apporter des nuances et de la rétroaction au besoin.

L'équipe écrivait plusieurs idées d'amélioration sur des

Post-its, et la facilitatrice est passée sur chacun pour avoir un aperçu des idées générées. Certaines étaient simples, mais d'autres plus complexes. Je voyais qu'une des idées concernait les exigences changeantes d'un client. L'équipe avait de la difficulté à gérer les changements ponctuels qui arrivaient constamment et les forçaient à briser leur engagement de terminer à la date promise. La facilitatrice a demandé à l'équipe d'être plus conciliante et d'accepter les changements malgré les délais serrés.

Je me sentais mal à l'aise avec la demande de la facilitatrice, car j'avais déjà vécu quelque chose de similaire. J'ai levé la main :

« Est-ce qu'on a le droit de dire non ? »

L'effet fut instantané ; la tension dans la pièce était palpable. J'ai aperçu aussitôt le visage de la facilitatrice se crisper. Les gens se sont figés et ont baissé les yeux. J'aurais pu couper la tension avec un couteau si j'en avais eu un. J'avais ma réponse :

Non, il n'était pas permis de dire non au client même si les demandes étaient incohérentes.

J'avais posé la bonne question.

Un vrai non n'est pas un manque de collaboration. Au contraire, le « non » est une marque de transparence et d'honnêteté. Cela permet d'avoir un vrai débat sur le sujet en question. Le « non » permet de mettre en évidence la différence entre deux idées tandis que le « oui, mais » ne précise pas si l'interlocuteur est d'accord ou pas. On ne sait pas si le débat est ouvert ou non.

Dire non est souvent perçu négativement comme un manque de collaboration ou un refus de rendre service. Toutefois, dire toujours oui augmente le risque de commettre des erreurs et de devoir passer beaucoup de temps à se justifier.

Je travaille régulièrement avec des équipes où dire non est tabou. Les « oui, mais » abondent, mais les non sont rares. Souvent, les gens qui ont dit oui vont tout faire pour réaliser ce « oui ». En disant oui, la personne s'est engagée à y parvenir, peu importe les conséquences. C'est risqué et beaucoup plus dommageable lorsque la vérité éclate plus tard et qu'il est impossible de respecter l'engagement initial. La confiance entre les collègues est alors brisée.

« Non » est une réponse tout aussi valable.

Ce n'est pas le même non sarcastique ou désabusé du héros victime qui dit « ah non, pas encore ! » ni le non implicite dans « ce n'est pas ce qu'on avait dit ». C'est un non calme et clair, un non qui ne laisse pas de place aux doutes et que vous savez être la vraie bonne réponse à donner dans cette situation.

Assumer un non est un signe de professionnalisme, de courage et de leadership. Dire non demande d'être honnête envers soi-même et la personne à qui on le dit. Oser dire non est difficile, surtout envers un supérieur. Il vaut mieux le dire d'emblée, tout en guidant la conversation vers des solutions alternatives, plutôt que de tenter de l'éviter avec des « oui, mais ». D'ailleurs, le « non » s'utilise très bien avec le « oui et » pour éviter les « oui, mais ».

S'exercer

- Gardez en tête que toutes questions ou invitations peuvent être répondues par « non ». Sinon, ce ne sont pas des questions ou de véritables invitations.

- Donnez le droit aux gens de dire non en ajoutant à vos demandes : « Je peux aussi accepter non comme réponse. » Ceci aidera les gens qui n'osent pas dire non.
- Ne justifiez pas vos non. Résistez à l'envie de justifier toutes les raisons de votre réponse. Gardez la réponse courte. Référez-vous à la tactique *Arrêter de se justifier* un peu plus loin.

3. Ranger le dictionnaire

Le héros est une source d'information incontournable et les gens développent le réflexe de le consulter rapidement. Quand on pose une question au héros, il répond. On comprend alors rapidement que le même héros peut répondre à *toutes* les questions. Ce n'est qu'une question de temps avant que le département, ou même l'ensemble de l'entreprise, posent leurs questions au héros. Le héros devient alors un dictionnaire vivant.

Le problème est que le héros répond systématiquement. Il fournit les réponses et n'explique pas la manière de trouver l'information. Les collègues savent uniquement quel héros aller voir pour quel type de question. Le héros déjà débordé de travail se fait alors interrompre par toutes sortes de questions, ce qui brise son attention et l'amène à perdre du temps précieux à passer d'une tâche à l'autre. De plus, on repose toujours les mêmes questions, ce qui frustre le héros qui finit par dire : « Je te l'ai dit l'autre jour ! »

S'exercer à ranger le dictionnaire

La première chose à faire est d'éviter d'aller voir le héros avec des doléances telles que « ça ne fonctionne pas ! », « je ne comprends rien ! » ou « il n'y a rien qui fonctionne ! ». Celles-ci invitent immanquablement le héros à prendre toute la place, à donner plus d'informations que nécessaire et à limiter l'apprentissage des autres.

La deuxième est de répondre à ces trois questions avant d'aller consulter le héros :

1. Qu'est-ce que j'ai essayé jusqu'à maintenant ?
2. Qu'est-ce que je comprends de la situation ?
3. Qu'est-ce que je vais essayer ensuite ?

La première question permet de s'interroger sur l'état actuel de la situation. Il est fort probable que la réponse soit « rien » si l'habitude est d'aller voir le héros immédiatement. L'objectif de cette question est d'amener la personne à réfléchir par elle-même et à essayer quelque chose qu'elle connaît avant de se lancer sur le héros.

La deuxième question a pour objectif de stimuler le raisonnement en aidant la personne à réaliser qu'elle comprend déjà une partie de la situation. Répondre à cette question donne confiance au demandeur, il est capable de comprendre des choses lui aussi. Il ne faut pas se demander « qu'est-ce que je ne comprends pas ? », car c'est impossible d'expliquer ce qu'on ne comprend pas. C'est la raison pour laquelle un collègue demande de l'aide.

La dernière question énonce le véritable sujet de conversation à avoir avec le héros. On doit aller droit au but en évitant de partager toute une réflexion sur le problème avec lui. La conversation est alors plus courte et contribue à développer la capacité à décortiquer une situation par soi-même. Vous pouvez aborder le héros avec une phrase comme :

« J'ai essayé ceci et ceci, mais ça n'a pas fonctionné. Je comprends que le système n'a pas reçu l'information prévue, mais je ne sais pas comment trouver la raison. Où est-ce que je pourrais trouver la source de ce problème ? »

Le héros passe lui aussi par ces trois questions lorsque des demandes plus générales surviennent. Il le fait très rapidement parce qu'il a l'habitude de penser de cette façon, surtout s'il reçoit beaucoup de demandes du genre « il n'y a rien qui fonctionne ! ». En répondant d'abord à ces trois questions, vous ne demandez pas au héros de le faire et vous n'aurez peut-être pas besoin de lui pour trouver une réponse la prochaine fois.

Il est possible que le héros se lance malgré tout dans une longue explication. Vous pouvez l'interrompre en rappelant la question originale ou l'écouter. Il vaut mieux revenir sur la question principale sans s'égarer pour une meilleure efficacité. L'objectif est de cesser de voir le héros comme la seule référence, après tout. En adoptant cette attitude, il pourra lui aussi retourner travailler plus rapidement.

S'exercer à aller délibérément voir quelqu'un d'autre

Une autre tactique en lien avec celle de *Ranger le dictionnaire* est de ne pas consulter le héros. Cela va à l'encontre de nos réflexes, car on sait pertinemment qu'il trouvera une réponse en quelques secondes. Pourquoi s'en priver alors ? Voici quelques raisons valables :

- Cesser de se fier à une seule personne pour ne pas être pris au dépourvu lorsque le héros est absent ou indisponible. Il devra s'absenter un jour ou l'autre.

- Se forcer à développer son sens de la débrouillardise et à trouver d'autres manières de régler une problématique.
- Permettre à d'autres personnes de développer des connaissances essentielles pour l'entreprise.

Oui, il faut plus de temps pour obtenir une réponse. Toutefois, l'équipe gagne en autonomie à long terme. Plutôt que de miser seulement sur les connaissances et la rapidité du héros, l'entreprise peut compter sur l'ensemble des membres de l'équipe. Il en résulte des délais de réponse plus courts et une diminution du risque de perdre cette connaissance si le héros quitte l'entreprise. La répartition du travail dans l'équipe est aussi facilitée puisqu'il n'y a plus uniquement le héros qui peut accomplir le travail.

4. Travailler en paire

Le travail en paire est une technique qui existe depuis bien longtemps. Elle est documentée dans plusieurs ouvrages comme *Extreme Programming Explained: Embrace Change* de Kent Beck et Cynthia Andres (2004) sous le terme *pair programming*. L'adage « deux têtes valent mieux qu'une » est bien connu, car le travail en paire permet d'échanger tout au long du processus, d'avoir une validation en temps réel entre les personnes et de partager la connaissance sur-le-champ. Il en résulte un travail de meilleure qualité.

Cette technique n'est pourtant pas bien appliquée dans les entreprises sous prétexte qu'elle « coûte cher en temps ». La croyance veut que si deux personnes travaillent sur la même chose, le coût soit doublé ! Ce n'est vrai que si l'on observe le travail en paire uniquement sous cet angle. Il faut aussi inclure l'ensemble des activités qui y sont accomplies. Que ce soit en paire ou non, il faut poser des questions à ses collègues, faire valider le travail par un autre, inclure les commentaires reçus, partager ses connaissances et finalement terminer le travail.

Travailler séparément crée des délais entre ces différentes activités. Le travail en paire semble coûter plus cher, mais si on additionne le temps de travail pour toutes les étapes individuellement, en plus du délai d'attente entre chacune, il devient gagnant.

Un autre avantage du travail avec un coéquipier est qu'il réduit le mode multitâche, car chacun est davantage concentré et passe moins d'une tâche à l'autre. C'est aussi un excellent moyen de créer des liens avec un collègue et d'apprendre à travailler avec lui, d'intégrer un nouveau membre à l'équipe, de gérer une situation de crise et de diversifier les connaissances entre les membres de l'équipe.

S'exercer

Travailler en paire est simple : il suffit de décider d'un objectif commun sur lequel travailler à deux en même temps sur le même ordinateur ou plan de travail, et non chacun de son côté. L'important est d'accomplir les étapes ou les tâches ensemble et de communiquer durant le processus. De cette façon, les collègues vont échanger des connaissances et valider leurs idées en continu.

Travailler en paire avec le héros peut être intimidant, même inutile, si vous êtes seulement assis à côté de lui à ne rien faire. Pour éviter cette situation, mieux vaut ne pas laisser le contrôle de l'ordinateur ou du crayon au héros. Quand le héros laisse le contrôle à son collègue, ce dernier apprend plus vite. Comme lorsqu'on apprend à conduire, il faut éventuellement prendre le volant pour développer sa capacité de conducteur.

Une autre bonne pratique pour le travail en paire est de le faire pour un temps donné. Avant de commencer, votre coéquipier et vous devez décider combien de temps durera la séance de travail, même si vous ne savez pas combien de temps sera nécessaire pour accomplir toutes les tâches. Vous vous offrez ainsi une porte de sortie pour éviter d'être submergé par la présence du héros. Décider d'un temps de travail permet en outre de prendre une pause et d'apprendre à apprivoiser la technique sans se fatiguer. À la fin du temps donné, posez-vous la question en équipe à savoir si vous voulez continuer pour une autre session de travail ou non.

Il est important de varier les paires d'équipiers. On s'habitue à travailler avec une même personne et on ressent une déception lorsqu'elle n'est pas disponible. Un meilleur échange est possible en variant les duos. Travailler en paire donne aussi l'occasion de progresser avec quelqu'un qui a d'autres compétences. Le regard différent qu'apporte chaque personne aide à produire un meilleur résultat.

Cette technique de travail peut aussi fonctionner avec plus de deux personnes. Cependant, il est préférable d'être à l'aise avec le travail en paire d'abord. L'ajout trop rapide d'autres équipiers peut devenir contre-productif et créer des situations où quelques-uns travaillent tandis que les autres observent. Pour intégrer plus d'un collègue dans le travail en paire, il est mieux de s'inspirer de l'approche *Mob pogramming* (« Mob Programming », Agile Alliance, s.d.).

Un exemple d'entreprise ayant instauré le concept du travail en paire à grande échelle est Menlo Innovations, dont l'approche est d'ailleurs très bien décrite dans le livre *Joy,*

Inc. : How We Built a Workplace People Love de Richard Sheridan (2013). Pour cette entreprise, le travail en paire est une pratique fondamentale. Aucun employé ne travaille seul et les paires changent après quelques semaines pour favoriser l'échange entre les employés. Le travail en paire est accessible à tous et ne demande pas de compétence particulière. Il est par conséquent possible de l'expérimenter dès maintenant.

5. Interrompre le héros

Savoir interrompre le héros permet d'éviter d'avoir à écouter ses longues explications ou ses plaintes. L'objectif est de s'en tenir à l'essentiel, et non de l'esquiver. Le héros prend toute la place, surtout en parlant, que ce soit dans les rencontres, dans le corridor ou à la machine à café. Le réflexe est d'écouter quelqu'un qui parle jusqu'à ce qu'il ait terminé parce que c'est ce qu'on a appris à faire. Le héros peut rendre cette expérience pénible.

Interrompre quelqu'un est perçu comme impoli, pourtant il s'agit d'une tactique très utile qui peut se faire avec une bonne intention. Pour y arriver, l'important est de connaître la raison, ou l'objectif, de la conversation en cours avec le héros. Cette raison devient votre indicateur pour déterminer s'il est temps de l'interrompre ou pas. Si l'objectif poursuivi est de répondre à une question, qu'elle a été obtenue et que le héros continue de parler, c'est un bon indicateur pour l'interrompre. Par exemple :

« Je t'arrête un instant, j'avais besoin de cette information et tu me l'as donnée. Est-ce qu'on peut continuer notre conversation une prochaine fois ? »

Ceci est un exemple d'interruption. Il s'agit d'un rappel

de l'objectif, suivi d'une question fermée qui se répond uniquement par oui ou non. De cette manière, on évite que la conversation diverge, sans trop brusquer l'interlocuteur. Une interruption produit toujours un petit choc, et l'objectif est d'atténuer celui-ci. Il est possible que le héros veuille continuer de parler malgré l'interruption. Il suffit de répéter gentiment avec la même technique.

Mais surtout, faites-le avec amour. Il ne faut pas voir l'interruption comme une bataille à gagner contre le héros. Ce dernier agit comme il le fait parce qu'il a été habitué à réagir ainsi. L'objectif est de briser cette habitude pour vous aider tous les deux à être plus efficaces. Voir ça comme une bataille contre le héros est le meilleur moyen de développer une posture de persécuteur et de perpétuer le problème.

S'exercer

Il n'y a pas de moment parfait pour interrompre le héros, mais voici quelques trucs :

- Attendez le moment où le héros reprend son souffle entre deux mots. Ce moment est très court et il faut être attentif pour le saisir.
- Levez l'index ou la main pour signaler votre intention de dire quelque chose. C'est un vieux truc qui fonctionne bien.
- Rapprochez-vous physiquement. Le fait d'être plus proche du héros donnera plus d'occasions pour utiliser les deux premiers trucs. Se rapprocher de la caméra lors de rencontres virtuelles fonctionne aussi.

- Évitez de parler plus fort ou de crier. Le héros, comme n'importe qui, réagira mal.
- Ayez un facilitateur qui joue un rôle clair dans la rencontre avec la permission d'interrompre la conversation. Les personnes avec ce rôle sont entraînées pour ces situations comme mentionné dans le livre *The Culture Game : Tools for the Agile Manager* de Daniel Mezick (2012).

Commencez par un seul truc à appliquer. Dans tous les cas, celui-ci aura tendance à devenir la norme dans l'équipe puisque vos coéquipiers vous imiteront immanquablement. Il n'est pas impératif d'être un héros pour se faire rappeler qu'on en dit plus que nécessaire.

6. Arrêter de se justifier

Le titre de la tactique est très évocateur : les gens passent beaucoup de temps à justifier leurs actions et décisions afin de ne pas déranger, de ne pas faire d'erreur ou de se protéger. Il en résulte souvent une longue explication pour ne pas être pris en défaut. Le héros l'utilise souvent pour servir la posture qu'il occupe. Plus il reçoit d'informations, plus il l'utilise pour manipuler la conversation à son avantage.

Par exemple, si on lui expose une décision et qu'on explique toute l'histoire qui y a mené, le héros peut facilement la remettre en question ou critiquer les raisons la justifiant parce qu'il n'était pas présent à la rencontre.

Il ne s'agit pas de ne rien expliquer, mais de ne pas se justifier. Expliquer implique de donner de l'information pour faire connaître, faire comprendre et clarifier. Justifier implique de convaincre une autre partie et de prouver que la décision ou l'affirmation est vraie. Justifier demande beaucoup plus d'effort qu'expliquer puisqu'on est sur la défensive. Cette posture de défense nous rend vulnérables, car nous nous retrouvons dans une joute verbale avec le héros qui, lui, exploite cette faiblesse.

Le héros réfléchit rapidement : il est excellent à voir des choses invisibles pour les autres. Quand il est confronté à une décision ou à une affirmation qu'il n'apprécie pas, ses collègues en subissent les critiques et les relents émotionnels. La justification donne des munitions aux héros pour abuser de sa posture.

Quand il est persécuteur, il utilise l'information reçue pour la retourner soit contre le messager, soit contre un autre collègue. Il enregistre soigneusement l'information pour l'utiliser au bon moment et ainsi court-circuiter une situation pour en tirer profit. Plus il a d'informations, plus il a ce qu'il faut pour manipuler les conversations.

Le héros sauveur, lui, profite des justifications des autres parce qu'elles justifient son travail. Il s'en sert pour expliquer sa posture de sauveur et raconter ses exploits. Par exemple, s'il permet d'éviter in extremis la perte d'un client important, tous ses collègues doivent être informés des raisons, des nouvelles mesures en place et de la manière avec laquelle il a réussi à éviter le pire. Ce qui devrait être une explication devient une justification.

De son côté, le héros victime utilise la justification des autres pour affirmer sa posture. Il s'approprie les problèmes et les complications des autres pour enrichir son bagage d'histoires à raconter. De cette façon, il a toujours du contenu pour alimenter ses plaintes.

Dans toutes les postures, le héros raffole d'informations indirectes comme les potins, les rumeurs et les ouï-dire. Il aime connaître les informations avant tout le monde et l'information privilégiée dans l'entreprise. Son réseau de collègues lui fournissant ces informations est bien établi. Pour déjouer le héros au quotidien, on doit cesser de le nourrir avec plus d'informations que nécessaire. On doit fournir une explication ou une réponse simple au lieu d'une justification. L'objectif n'est pas de rompre ni de contrôler toutes les communications, mais de réduire la quantité d'informations qu'on lui transmet.

S'exercer

- Évitez les envois massifs de courriels en ajoutant toutes les personnes connues de près ou de loin en copie conforme. Les raisons comme « juste au cas où il voudrait savoir » ou « pour qu'il le sache si quelque chose tourne mal » ne sont pas recommandées puisqu'elles surchargent aussi les boîtes de courriels des autres employés, pas seulement celles des héros.
- Retenez-vous de vous justifier tout de suite lorsqu'une question se répond par seulement oui ou non. Attendez qu'on vous demande des explications. Vous serez surpris de constater toutes les fois où se justifier n'est pas nécessaire.
- Gardez votre réponse la plus courte possible quand vient le temps d'expliquer. Allez droit au but, sans justifier chaque étape.

Il y a très peu de moments en entreprise où on doit véritablement se justifier. Une question n'est pas un audit et une réponse courte répond amplement aux attentes de la majorité des gens. Je ne suis moi-même pas immunisé contre la justification. Un collègue m'a donné le plus beau commentaire lorsqu'il m'a interrompu, une fois, en pleine justification : « Tu sais Dave, tu n'es pas obligé de te justifier. » Il m'a souri et a continué son chemin sans attendre la suite.

La patience est une vertu

Lorsque j'ai décidé de briser mon attitude héroïque, j'ai dû m'armer de patience pour voir les résultats. J'ai appliqué de façon méticuleuse les tactiques décrites dans ce chapitre. J'étais habitué à entendre : « Il n'y a rien qui fonctionne ! » Je ne prenais pas le temps de poser les bonnes questions pour amener mes collègues à réfléchir comme moi afin de cesser d'être le dictionnaire vivant de l'entreprise. Un jour, un de mes collègues a appliqué les tactiques lui-même.

Il m'a expliqué ce qu'il avait essayé face à une situation et ce qu'il en comprenait. Quand il m'a dit : « Selon toi, est-ce que je ferais mieux d'appliquer la solution 1 ou la solution 2 ? », j'ai compris que sa dépendance à moi avait cessé. Son raisonnement était clair, et il venait à moi pour un conseil et non une demande de sauvetage. J'étais enfin soulagé.

En résumé

Il est important de savoir déjouer les héros au quotidien pour réduire leurs effets perturbateurs sur leur entourage immédiat. Voici six tactiques faciles à utiliser en tout temps.

1. *Cesser de dire « oui, mais »* et dire « oui et ». « Oui et » permet de construire sur les idées et est

inclusif tandis que « oui, mais » met de l'avant une exception au détriment de l'idée principale. Changer les « oui, mais » en « oui et » est la tactique la plus simple et la plus efficace.

2. *Dire non* permet d'être honnête envers la personne et d'oser avoir le débat nécessaire. Il faut avoir le courage de l'utiliser plutôt que d'éviter un débat. Le « non » s'utilise très bien avec le « oui et » pour éviter les « oui, mais ».

3. *Ranger le dictionnaire.* Le héros est comme un dictionnaire que les gens consultent pour obtenir les réponses plutôt que de les trouver par eux-mêmes. Ceci accentue la dépendance aux héros. Avant de demander au héros des réponses, il faut répondre à ces trois questions : 1) Qu'est-ce que j'ai essayé jusqu'à maintenant ? 2) Qu'est-ce que je comprends de la situation ? 3) Qu'est-ce que je vais essayer ensuite ?

4. *Travailler en paire* est une technique facile à utiliser pour partager la connaissance, valider sa pensée avec quelqu'un en continu et augmenter la qualité du travail accompli. Le coût du travail en paire est plus grand à court terme, mais il surpasse les coûts totaux de toutes les étapes accomplies individuellement qui ajoutent aussi des retards dans la réalisation des travaux.

5. *Interrompre le héros* est utile pour éviter de longues explications et des plaintes.

6. *Arrêter de se justifier* permet de limiter l'information que le héros peut utiliser afin de solidifier sa posture héroïque. Trop d'informations viennent amplifier le phénomène.

Avoir des réponses courtes en allant droit au but permet de déjouer le héros.

Ces tactiques simples peuvent aider à déjouer le héros au quotidien, mais elles ne sont pas suffisantes pour briser la culture des héros dans toute l'entreprise. Toutefois, elles sont essentielles à mettre en place pour avoir un impact global sur l'entreprise. On doit prendre le temps de les mettre en application et de les maîtriser pour jeter les bases d'un changement durable.

Dans le prochain chapitre, nous aborderons des tactiques à appliquer à l'échelle de l'entreprise. Elles vont de pair avec les six tactiques que l'on vient d'explorer et ont un plus grand impact.

6

COMMENT CESSER D'ENTRETENIR LA CULTURE DES HÉROS DANS L'ENTREPRISE

« Toute organisation qui conçoit un système, au sens large, concevra une structure qui sera la copie de la structure de communication de l'organisation. »
— *Melvin E. Conway*

NOS ENTREPRISES SONT des systèmes qui se complexifient au fur et à mesure qu'elles grandissent. Les processus internes évoluent pour répondre aux besoins des employés qui doivent jongler avec de plus en plus d'options et de fonctionnalités à développer. Cette complexification est normale, mais notre manière d'y répondre a des effets qui soutiennent la culture des héros. Ces effets se répercutent alors à tous les niveaux de l'entreprise.

La loi de Conway (« Loi de Conway », 2023, 19 janvier), de Melvin E. Conway, a été introduite à la fin des années 60 afin d'expliquer la portée de la structure des communications dans une entreprise et l'effet miroir de cette structure sur les projets réalisés. Dans son article, Conway (1968) explique que ce phénomène se produit non seulement dans les projets, mais aussi à d'autres niveaux. Ainsi, la manière dont l'entreprise est organisée se traduit dans le travail accompli par les équipes. De même, l'interaction entre les divers comités, départements, groupes de décisions et équipes de travail créent une structure complexe de communication qui se répercute dans la façon dont le travail est réalisé.

L'attitude héroïque se développe chez les professionnels qui cherchent à s'adapter à leur environnement de travail afin de surmonter les enjeux et avoir du succès. En se basant sur la loi de Conway, il est intéressant de poser l'hypothèse suivante :

« Le phénomène de culture des héros dans les entreprises est-il le reflet de la structure de communication ? »

Pour briser la culture des héros dans les entreprises, on doit changer la façon dont la structure de communication fonctionne. On doit aussi transformer les processus, les groupes et la manière dont ceux-ci communiquent les informations, les objectifs et les décisions au reste de l'entreprise. C'est ce que les sept prochaines tactiques proposent pour influencer la culture des héros.

1. Réduire le mode multitâche à grande échelle

Le fonctionnement multitâche a déjà été expliqué comme entraînant un effet négatif sur la disponibilité et la productivité du héros. Cette façon de faire du héros se répercute nécessairement à l'échelle de l'entreprise. Le mode multitâche à grande échelle correspond à la quantité élevée de projets ou d'initiatives que l'entreprise entreprend en même temps dans toutes ses équipes. Pour y arriver, la *gestion de portfolio des projets* englobe les façons de faire entourant la gestion de l'ensemble des activités. C'est à ce niveau que les pratiques doivent changer pour influencer la culture des héros. Traditionnellement, on essaie d'optimiser la productivité globale et de maximiser l'utilisation de la capacité des employés afin de réaliser tous les projets. De là découle une quantité élevée de projets en compétition pour profiter des compétences des mêmes personnes : les héros. Chacun de ces projets nécessite des compétences spécifiques. L'entreprise assigne le travail à ses meilleurs employés, les héros, pour réussir à terminer les projets à temps. Toutefois, on n'a jamais suffisamment de héros pour s'occuper de l'ensemble des projets. Malgré tout, ceux-ci démarrent parce que l'entreprise veut avoir des résultats rapides et n'accepte pas d'abandonner certains de ces projets. Les héros sont constamment assignés d'un projet à l'autre pour assurer leur progression et gérer les évènements inattendus.

La perte de temps que l'on retrouve dans le mode multi-tâche existe aussi dans la gestion de chacun des projets. Johanna Rothman (2016) exprime bien cette problématique d'exécution de tâches simultanées à grande échelle dans son livre *Manage Your Project Portfolio: Increase Your Capacity and Finish More Projects*.

Prenons l'exemple de trois projets à réaliser dont on estime la durée à un mois chacun et qui dépendent tous du même héros (voir la figure 6.1 plus bas). Le plan initial veut que chaque projet soit exécuté l'un à la suite de l'autre, pour une durée totale de trois mois.

En fait, cela ne représente pas la réalité du héros qui décidera plutôt de démarrer les trois projets en même temps.

D'autres demandes et problèmes imprévus viendront le retarder. La priorité des projets changera en cours de réalisation et le héros devra justifier l'état d'avancement des trois projets. Pour répondre à tous ces changements, il passe d'un projet à l'autre et perd du temps précieux.

La réalité ressemble beaucoup plus à la deuxième ligne (Réel). Non seulement le projet A n'est pas terminé après un mois, mais il faut plus de temps que prévu pour réaliser l'ensemble des trois projets.

Figure 6.1 — Planifié vs Réel

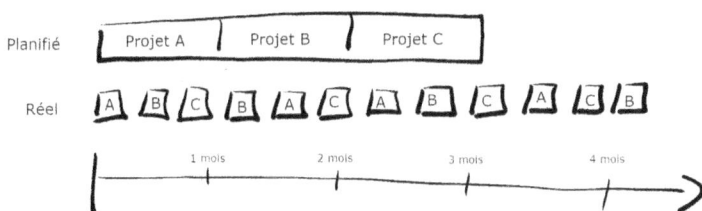

Un portfolio d'entreprise peut contenir des centaines de projets en cours. L'effet de perte de temps est alors multiplié par le nombre de projets et de héros impliqués. Des gens employés à plein temps sont nécessaires pour gérer ce genre de casse-tête. Le plan doit être constamment ajusté et les retards justifiés. Non seulement on doit obtenir des dérogations pour justifier des investissements supplémentaires, mais on doit surtout composer avec la dépendance aux héros qui sont une des sources majeures de retards liés au mode multitâche.

Même si cela paraît contre-intuitif et inhabituel pour les entreprises, on doit réduire le nombre de projets en simultané pour gagner en efficacité. On ne doit pas assigner le héros à plusieurs projets en même temps. En diminuant le nombre de projets en cours, on réduit les efforts de coordination et on simplifie la structure de communication. Moins il y a d'échanges, plus on allège la structure, plus on réduit les délais dus au mode multitâche et ultimement, la dépendance aux héros.

Les employés ont de la difficulté à dire : « Non, je ne travaille pas sur ce projet maintenant. » Il s'agit pourtant de la meilleure réponse pour être efficace et respecter les délais promis. Ce n'est pas un non catégorique, mais plutôt un non qui indique que le travail ne commencera pas dans l'immédiat. De cette façon, on termine ce que l'on a commencé avant d'entreprendre un autre projet. Il est plus satisfaisant et payant de terminer un projet que d'en avoir trois en cours sans être capable d'en profiter.

L'exemple donné avec trois projets d'une durée d'un mois est plutôt rare. Il est plus commun pour les entreprises de gérer des projets qui s'échelonnent sur plusieurs mois ou années. L'effet est encore plus prononcé au point de devenir un sérieux problème de gestion. Il suffit de réduire la taille des projets pour minimiser les délais dus au fonctionnement multitâche. On découpe les projets en plus petites tâches et on les rend disponibles au fur et à mesure, au lieu d'attendre à la toute fin du projet pour assigner toutes les sous-tâches en même temps.

« Oui, mais Dave je n'ai pas le choix de... »

« C'est bien beau tout ça, mais j'ai toujours géré comme ça. »

« Oui, mais la compagnie ne voudra jamais que... »

Si ces phrases sont dans votre esprit, référez-vous aux sections *Cesser de dire « oui, mais »* et *Dire non* du chapitre 5. Il s'agit d'une réaction normale, car on va à l'encontre de la manière traditionnelle de gérer les projets en entreprise. Les prochaines tactiques offrent d'autres solutions concrètes.

2. Passer d'une planification individuelle à une planification collective

La planification du temps des employés est très présente dans toutes les entreprises. Avec les héros, cette planification complexe le devient encore plus.

J'ai assisté à des rencontres de planification du temps de travail et l'une d'entre elles m'a vraiment marqué. C'était une rencontre hebdomadaire où une douzaine de chargés de projet et de gestionnaires étaient présents. L'objectif était de planifier le travail de chaque expert en plaçant toutes les demandes d'intervention estimées à la minute près et d'en faire un suivi serré chaque semaine pour que le plan tienne la route. Voici un exemple de plan qui sortait de cette rencontre :

Tableau 6.1 — **Planification du travail des héros**

	Projet A	Projet B	Projet C	Projet D	Projet E	Total
Héros 1	10,3 h	0,5 h	12,4 h	20,6 h	5,2 h	49 h
Héros 2	6,5 h	65 h	11,6 h	3,3 h	0,25 h	56,65 h
Héros 3	22 h	12 h	0,15 h	14,5 h	20,5 h	69,15 h

Plusieurs problèmes sont visibles :

- Tous les projets étaient en cours en même temps.
- Le temps total par héros dépassait le total d'heures disponibles par semaine.
- Le travail non accompli durant la semaine était reporté à la semaine suivante.
- Le temps estimé n'était pas réaliste.
- Le plan ne prenait pas en compte les autres imprévus que ces héros allaient rencontrer dans la semaine.

Tout le temps utilisé par les participants à la rencontre était mal investi, car ce plan allait inévitablement échouer. Le plus incroyable dans tout ça était que cette planification se faisait sans la participation des héros concernés. Pour avoir discuté avec ceux-ci par la suite, ils me disaient qu'ils ne seraient pas en mesure de respecter ce plan puisqu'ils n'étaient pas viables. C'était tout un gaspillage de temps de planification.

Cette approche de planification individuelle focalise sur l'optimisation du temps de chaque individu pour un projet donné. Or, on doit passer d'une planification individuelle à une planification collective, c'est-à-dire planifier les projets par équipe de travail. Les personnes en meilleure position pour planifier les tâches sont celles qui les exécutent.

Le mouvement Agile (*Manifesto for Agile Software Development* [Beck et collab., 2001]) prône ardemment ce principe d'approches de planification par équipe. L'équipe planifie les détails tandis que l'entreprise s'occupe de prioriser le travail sans l'assigner à des individus.

Planifier de manière collective permet d'éviter que les employés se comparent et encourage la réussite en équipe plutôt que de compter sur un héros sauveur pour réchapper une situation. Cela réduit aussi les comités de type « planification de ressources » et responsabilise les équipes pour créer des plans qui respectent la capacité de travail de chacun de leurs membres et en respectant des délais raisonnables.

> « Le tout est plus que la somme de ses parties. »
> — Aristote

Google a cherché à comprendre ce qui rend efficace ses équipes de travail. À travers leurs recherches, ils ont constaté que savoir comment l'équipe travaille ensemble importe davantage que de savoir qui sont les membres de l'équipe (Google re :Work, *Guide : Understand Team Effectiveness*, s.d.). L'efficacité n'est donc pas attribuable au héros, mais plutôt à la capacité de l'équipe à collaborer.

Renoncer au mot « ressource »

Les employés d'une entreprise ne sont pas des ressources ni des outils, ni des talents, ni des actifs. Ces mots sont réducteurs et encouragent la culture des héros dans l'entreprise, car on accorde trop d'importance à leurs compétences au détriment de l'ensemble des talents et traits qui les définissent. Le mot « ressource » s'applique uniquement à du matériel, à des moyens financiers ou à des tactiques. Un employé n'est pas un outil qu'on manipule et qu'on peut ranger dans une boîte une fois le travail terminé. Une personne est plus qu'un ensemble de ses talents. Lors du recrutement de personnel, on recrute une personne et non son talent. Gil Broza (2015) en parle plus longuement dans son livre *The Agile Mind-Set: Making Agile Processes Work*, chapitre 4, *People Are Not Resources*.

Une approche basée sur la collaboration avec les employés est de mise. L'employé ne travaille pas *pour* l'entreprise, mais *avec* l'entreprise. C'est un partenariat où travailler ensemble permet autant à l'entreprise qu'à l'employé de réaliser quelque chose de plus grand que la somme des deux parties. En changeant les mots, on altère la perception de la relation entre l'entreprise et ses employés. C'est un « oui et » à l'échelle de l'entreprise.

Valoriser le plein potentiel individuel des employés et miser sur l'efficacité collective pour atteindre ses objectifs peut réduire de façon notable la culture des héros dans l'entreprise.

3. Diversifier les compétences

Avoir des experts n'est pas un problème, mais en avoir un seul pour une compétence précise devient un risque pour les entreprises. Celles-ci ont tendance à spécialiser leurs employés, ce qui contribue à créer une dépendance et une rareté. Les employés courent le risque de perdre leur valeur et d'être remplacés si leur spécialité n'est plus requise dans le marché. Se recycler dans une autre spécialité demande beaucoup d'efforts et de temps, et ce, sans garantie de succès.

On doit encourager et investir dans la diversification des compétences des employés. Ceci permet aux héros de ne plus compter uniquement sur leur spécialité et aux autres employés de développer des compétences habituellement réservées aux héros. Il est possible de diversifier les compétences à plusieurs niveaux :

- Partager les connaissances entre collègues en démarrant des communautés de pratique pour encourager l'échange entre experts et apprentis.
- Identifier la dépendance et la rareté des compétences dans une équipe de travail.
- Adapter les titres et les descriptions de poste des employés pour être moins précis au sujet d'une compétence.

Les prochaines sections explorent ces trois façons de diversifier les compétences dans les équipes de travail.

Démarrer des communautés de pratique

Les communautés de pratique sont des groupes de travail auto-organisés autour d'un sujet qui rejoint l'intérêt de plusieurs employés. L'objectif de la communauté est de partager les connaissances, de raconter des retours d'expérience et d'utiliser le temps pour développer ses compétences autour d'un sujet. Il est possible de faire des formations, d'inviter des conférenciers, de tester des outils, d'animer des ateliers, etc. La forme importe peu : l'important est d'encourager le partage des connaissances. Les communautés de pratique ont des rencontres planifiées de manière récurrente et séparées préférablement par un court délai pour garder un intérêt élevé. Toutefois, la communauté de pratique est responsable de définir ses propres paramètres de fonctionnement.

Le temps investi par les employés dans les communautés de pratique doit être inclus sur les heures régulières de travail et non sur du temps personnel, car les sujets abordés sont reliés au travail accompli dans l'entreprise. De cette manière, plus d'employés souhaiteront participer, ce qui créera un effet d'entraînement dans le reste de l'entreprise. C'est aussi un bon moyen de faire profiter les employés de l'expertise de consultants externes. En invitant ces derniers dans ce type de rencontre, l'échange est encore plus pertinent.

Identifier la dépendance et la rareté des compétences

Sans outil clair, il est difficile d'avoir une vue d'ensemble des compétences et des lacunes de son équipe. Une façon simple d'y parvenir est d'utiliser la matrice de compétence d'équipe développée par le groupe Management 3.0 (s. d.). Il s'agit d'un exercice à faire en équipe, et pas seulement par le gestionnaire ou le héros.

Figure 6.2 — Matrice de compétence d'équipe

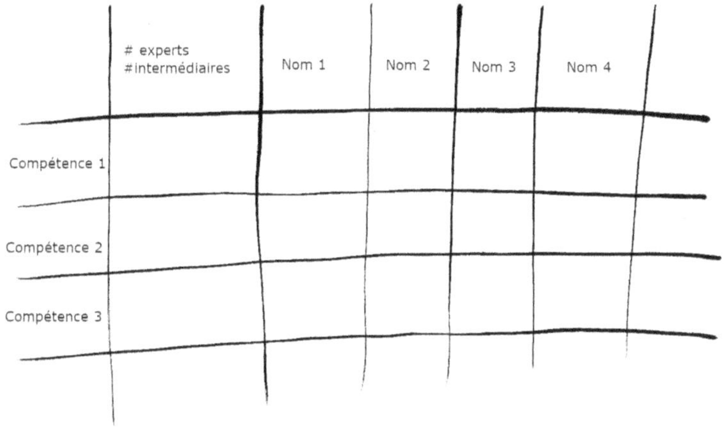

1. Utilisez le gabarit disponible en ligne (voir la section *Ressources*) ou dessinez un tableau où les lignes sont des compétences et les colonnes représentent chaque personne dans l'équipe (voir la figure 6.2).
2. Définissez la liste des compétences de l'équipe. Elles regroupent autant les outils, technologies, sujets, thèmes, processus, pratiques que les compétences non techniques telles que l'écoute.
3. Utilisez la catégorisation suivante : expert (je peux l'enseigner), intermédiaire (je peux le faire) et débutant (qu'est-ce que c'est ?).
4. Pour chaque compétence, décidez combien d'équipiers sont nécessaires pour les besoins de l'équipe. Combien d'experts ? Combien au niveau intermédiaire ?
5. Demandez à chaque membre de l'équipe de s'autoévaluer sur chaque compétence dans la

liste en utilisant la catégorisation au point 3. En cas de doute, choisissez la catégorie intermédiaire ou débutant pour éviter de vous surclasser et de fausser les besoins de l'équipe.

6. Pour chaque compétence, vérifiez la différence entre le total nécessaire et le total des compétences présentes dans l'équipe pour connaître où sont les lacunes et où les efforts ont été suffisamment investis.

Une fois la matrice complétée, l'équipe peut discuter de ce qui peut être fait pour équilibrer les compétences au sein de l'équipe. Par exemple, si l'équipe a identifié une compétence pour laquelle elle a besoin d'un expert, mais qu'il n'y en a pas dans l'équipe, plusieurs options sont possibles : former un membre de l'équipe à l'aide de formations pertinentes sur le marché, travailler en paire avec un expert de cette compétence déjà présent dans l'entreprise ou recruter un nouvel employé qui possède cette compétence.

L'avantage de cet exercice est que toute l'équipe découvre le statut des compétences de chacun de ses membres ainsi que le plan associé pour l'équilibrer, au même moment. De plus, comme l'équipe a participé à l'exercice, le plan est représentatif des besoins de toute l'équipe et pas seulement de ceux du gestionnaire ou du héros. Cet exercice se veut interactif, et doit être facilement accessible et mis à jour au moins quelques fois par année.

Adapter les titres et les descriptions de poste

Les titres et les descriptions de poste sont des artéfacts classiques présents dans toutes les entreprises. Ils sont très visibles et difficiles à changer, car ils définissent la nature du travail des employés et leur statut au sein de l'entreprise. Les titres et les descriptions de poste sont aussi plus personnalisés, parfois même uniques, car ils sont dérivés de la spécialisation des compétences. Toutefois, plus ceux-ci sont précis, moins il est possible d'inclure de nouvelles compétences acquises. L'employé doit généralement changer de poste pour faire reconnaître celles-ci.

Une bonne pratique en la matière est d'éviter de mettre le nom des outils, des technologies ou d'autres techniques dans les titres pour permettre aux employés de diversifier leurs compétences en dehors du cadre de leur description de tâche. L'entreprise évite ainsi de devoir recruter spécifiquement quelqu'un avec la spécialité voulue ou de démarrer un processus de mise à jour des titres et des descriptions de postes qui est généralement fastidieux. L'objectif est de normaliser la diversification des compétences.

4. Laisser partir le héros

Lorsque la norme est de travailler avec des héros, il est très difficile de se départir d'eux ou de les remplacer. L'entreprise évite de laisser partir ses héros, mais lorsque cette situation survient, l'équipe et l'entreprise sont déstabilisées. Il s'ensuit l'une des décisions suivantes :

- Engager un nouvel expert en espérant qu'il arrive rapidement.
- Transférer un expert d'une autre équipe pour combler le manque en en créant un ailleurs.

- Nommer un membre de l'équipe comme étant la nouvelle référence, ce qui revient à encenser un nouveau héros.

Dans tous les cas, ces décisions ne règlent pas le problème de dépendance et de rareté. Ce n'est qu'une question de temps avant que la même situation se reproduise. Je me souviens d'une situation où un héros venait de quitter l'entreprise où je travaillais. Mon équipe était déstabilisée ; tous se demandaient comment être en mesure d'aider les clients avec des situations que seul le héros connaissait. Notre chef d'équipe nous avait alors demandé : « De 1 à 10, quel est le niveau de risque associé à ce départ ? ». L'équipe a répondu : « 11 ! » Personne ne pouvait remplacer le héros. Malgré tout, ce départ était la meilleure chose qui nous soit arrivée, car nous ne voulions plus revivre le stress d'être impuissants devant une situation inconnue. L'équipe restante a décidé de développer les compétences perdues sans nommer un nouveau héros.

Voyons des mesures à suivre pour laisser partir le héros de façon définitive.

D'abord, **on ne doit pas remplacer le héros.** C'est plutôt l'occasion de développer les compétences manquantes au sein de l'équipe. Au lieu de se préparer à remplacer le héros, on doit définir un plan de match pour adresser le ou les manques au sein de l'équipe en place.

Le remplacement est une difficulté qui revient souvent, que ce soit durant le temps des vacances, un congé maladie ou toute autre absence du héros. Cette situation doit être annoncée à l'équipe comme un moment d'apprentissage qui évitera de recréer une situation précaire à l'avenir. Il ne faut surtout pas dire : « On ne prévoit pas remplacer la personne.

Il faut faire sans.» Ce genre de commentaire peut déclencher une déresponsabilisation envers les équipes de travail. Il est plus judicieux de dire : « On ne prévoit pas remplacer la personne. On va trouver un moyen ensemble de développer les compétences manquantes.»

On doit **impliquer un autre collègue expert pour enseigner les compétences manquantes à l'équipe.** Il ne s'agit pas d'engager quelqu'un pour agir comme nouveau héros ni d'amputer une autre équipe de son expert. L'objectif d'impliquer un autre collègue est de rétablir le niveau de compétences des membres de l'équipe pendant un temps, puis qu'il retourne dans son propre groupe de travail. Si l'entreprise choisit de recruter un nouvel employé malgré tout, on doit s'assurer de ne pas lui assigner un rôle de héros dans l'équipe. Cette personne devrait complémenter les autres, pas remplacer le héros qui est parti.

Dans le cas où un héros persisterait dans son attitude peu collaborative malgré tous les essais faits par les membres de l'équipe, les gestionnaires et les autres collaborateurs, on doit **changer ce héros de place.** Le sortir de sa zone de confort fonctionne très bien : on le change d'équipe de travail ou même de secteur d'activité dans l'entreprise. Cette étape est uniquement possible si l'entreprise valorise la diversification des compétences et qu'elle croit au potentiel de développement de ses employés.

Sortir le héros de sa zone de confort est risqué puisqu'il perd son statut d'expert. Son réflexe pourrait être de développer une nouvelle attitude de héros dans sa nouvelle équipe. Il faut accompagner ce type de changement avec un objectif clair de faire grandir le héros. L'entreprise doit aussi le soutenir activement dans ce changement. Obliger le héros à changer de place dans l'entreprise peut créer une réaction défensive de sa part et l'empêcher d'apprendre. Une bonne tactique est de tenter une expérimentation limitée dans le temps pour minimiser la résistance au changement du héros. Cette expérimentation en est aussi une pour l'équipe qui n'aura plus son expert avec elle. Changer le héros de place bénéficie autant à l'équipe qu'au héros, car l'équipe apprend à travailler sans la dépendance aux compétences du héros.

Si toutes les mesures précédentes échouent, on doit considérer **renvoyer le héros**. Personne ne veut arriver au point de devoir congédier des employés, mais c'est parfois la seule solution. Si le héros cause plus d'effets négatifs que positifs à l'entreprise, aux équipes et aux employés, et que les tentatives de créer un changement ne réussissent pas à modifier son attitude héroïque, le renvoyer serait préférable. Généralement, les entreprises ont des règles claires sur la manière et les raisons de renvoyer un employé, et il est important de les respecter. Même si le congédiement est difficile à accepter, on ne voudrait pas se retrouver avec des employés intouchables tels que décrits dans la section *L'invincibilité du héros*, au chapitre 3.

Les héros sont une solution à court terme et les laisser aller permet de miser sur l'ensemble de l'équipe pour une solution à long terme.

5. Limiter les heures supplémentaires

Les héros sont susceptibles de se surmener et d'entraîner les autres employés à faire des heures supplémentaires. Ce n'est pas rare de voir les héros connectés très tard ou arriver le lendemain avec une solution qu'ils ont développée la veille, en dehors des heures normales de travail.

Très souvent, ces heures supplémentaires ne sont même pas comptabilisées. Cette pratique est encouragée et normalisée par l'entreprise, et creuse un fossé entre les héros et les autres employés en plus de surmener le personnel. Ce surmenage crée des épuisements professionnels, du stress, de l'anxiété et peut mener à d'autres troubles psychologiques encore plus sévères. Il existe un mot en japonais pour parler des gens qui meurent à cause du travail : « karoshi » (« Karoshi », 2023, 10 mai). Au Japon, la culture au travail valorise les heures supplémentaires. Ainsi, le héros crée un standard dans l'équipe où faire des heures supplémentaires est nécessaire.

Les heures supplémentaires doivent être une option de dernier recours et ne pas être considérées comme une solution pour respecter des engagements tels qu'honorer une date de livraison de projet ou accomplir des tâches plus rapidement.

Voici quelques trucs pour éviter de normaliser les heures supplémentaires :

- Ne planifiez pas tout votre temps de travail disponible. En vous laissant une marge de manœuvre, vous pourrez gérer les imprévus sans recourir aux heures supplémentaires.
- Déconnectez les appareils des réseaux de l'entreprise lorsque vous êtes en dehors des heures de bureau. À moins d'être sur appel, il n'y a aucune nécessité d'être aussi connecté.
- Définissez des règles claires au sujet des heures supplémentaires dans l'entreprise et rendez-les accessibles à tous.

Les heures supplémentaires viennent avec la croyance qu'il faut toujours en faire plus et qu'on n'a jamais assez de temps pour tout finir. Nos entreprises doivent constamment se dépasser, d'année en année, et les attentes envers les employés augmentent aussi. Le héros voit les heures supplémentaires comme une solution pour y arriver. Il est donc important de ne pas laisser cette pratique devenir la norme. Le héros écrit les règles en menant par l'exemple. L'entreprise a donc intérêt à encadrer de façon proactive l'utilisation des heures supplémentaires.

6. Rendre transparentes les communications internes

L'information circule de plusieurs façons dans une entreprise : les courriels, les annonces dans l'intranet, les rencontres d'équipe, le partage de fichiers, les discussions de corridor, les appels téléphoniques ou vidéoconférences, les affiches sur les murs, etc. Tous ces moyens sont bons s'ils sont utilisés au bon moment et visibles par les gens concernés. Malheureusement, ces deux conditions sont difficiles à remplir et les entreprises doivent déployer des efforts supplémentaires pour pallier les manquements.

L'une des raisons pour lesquelles cette situation se produit est que l'information est restreinte à un groupe d'élite, le temps de formuler le bon message. Ce groupe apprend l'information en premier et éventuellement les autres employés sont informés. Le problème dans ce modèle est le laps de temps entre le moment où l'information est formulée et le moment où tous les employés la reçoivent.

Les héros persécuteurs et sauveurs font partie de ce groupe d'élite qui a accès à des informations privilégiées avant tout le monde. Le héros victime, quant à lui, a accès à l'information à retardement et se plaint que l'entreprise a une mauvaise gestion des communications. Ce privilège d'accès à l'information contribue à créer des rumeurs et à générer un sentiment de méfiance comme quoi « on ne nous dit pas tout ! ». Les employés croient les rumeurs et ouï-dire de leurs collègues plutôt que les communications officielles. C'est simple : dans le réseau informel, on obtient l'information plus rapidement que dans le réseau formel.

Ces pratiques courantes dans les entreprises soutiennent la problématique où l'information circule à deux vitesses :

- Les envois d'information du vendredi, 15 h avec des nouvelles difficiles à accepter. C'est une tactique pour éviter la confrontation et la repousser au lundi.
- Les communications vagues qui contiennent peu d'information concrète. Ce type de communication annonce clairement que l'information existe, mais que le groupe d'élite juge qu'il est prématuré de la partager avec les employés. Ceux-ci sentent qu'on ne peut pas leur faire confiance et ils s'en plaignent.
- L'information est partagée par une personne tierce qui n'a pas de pouvoir sur le contenu du message. Même si cela permet de partager l'information rapidement dans l'entreprise, elle empêche les employés d'avoir des réponses concrètes à leurs questions puisque le messager n'a pas plus d'information que les autres.
- L'information détaillée est fournie plusieurs jours ou semaines après la première annonce. Lorsque les employés reçoivent l'information à la dernière

minute, ils se sentent exclus du changement qui s'opère et seront portés à résister plutôt que d'accueillir le message. Les employés sont mis devant le fait accompli et il est trop tard pour considérer leurs préoccupations.

Les employés veulent faire partie du changement et avoir la même information que tout le monde. L'important est de les impliquer tôt dans le processus de communication et d'oser communiquer ce que l'on sait maintenant et ce que l'on ne sait pas encore. Projeter l'image d'être en contrôle de tout n'est pas réaliste. Les employés se méfient des messages parfaits où tous les enjeux sont atténués. Ils se doutent que ce n'est que la pointe de l'iceberg, que ce soit le cas ou non.

La transparence est de mise pour réduire la culture des héros. Si tout le monde a la même information, les héros n'ont pas de privilège. Très peu d'informations sont réellement confidentielles et celles-ci sont généralement contrôlées par des accès spécifiques et limités à des employés désignés. Toute autre information qu'on tente de retenir finit par être divulguée par le réseau de communication informel.

Plutôt que de laisser l'information s'ébruiter sans savoir qui sait quoi à quel moment, l'entreprise gagne à informer rapidement. Plus l'information arrive de façon régulière, moins les employés auront le temps de lancer des rumeurs. Il s'agit aussi d'une occasion pour eux de verbaliser leurs préoccupations plus tôt. Au lieu de vouloir taire le réseau informel, il devient un allié.

Voici quelques pratiques transparentes pour maximiser l'échange d'information :

- Prévoir des moments d'information récurrents et fréquents. Demander l'avis des employés pour déterminer la bonne fréquence.
- Varier les canaux de communication pour maximiser la propagation. Le bouche-à-oreille est encore l'un des meilleurs moyens pour rejoindre un grand nombre d'employés, mais utiliser plusieurs canaux en même temps est mieux.
- Répéter la même information plus d'une fois. Il est peu probable de rejoindre tout le monde au même moment s'il s'agit d'une grande entreprise.
- Éviter le « avez-vous des questions ? », car il s'agit d'une question fermée qui n'invite pas à prendre la parole. Il vaut mieux demander : « Quelles questions avez-vous ? » Il s'agit d'une question ouverte qui ne peut se répondre par le silence.

On doit réduire la distance entre la personne qui a la source de l'information et les receveurs. Comme la loi de Conway l'explique, le fait de réduire la quantité d'interlocuteurs simplifie la structure de communication. Dans notre cas, on cesse de contribuer à la culture des héros.

7. Encourager l'amélioration continue

« Dave, il faut que tu comprennes que... »
— *Un autre gestionnaire du moment*

Ce genre de formulation a toujours arrêté net mes propositions d'idées et d'amélioration. Je n'avais pas droit à un « non », ni même à un « oui, mais ». Je me faisais couper l'herbe sous le pied avant même de pouvoir dire ou faire quelque chose. J'ai donc abandonné mes idées d'améliorations. J'ai renforcé ma posture de héros victime en endurant mes malheurs. J'aurais souhaité être écouté et encouragé à tester mes idées.

L'amélioration continue est essentielle dans les entreprises pour qu'elles soient en mesure de s'adapter aux changements. Aujourd'hui, les changements arrivent plus fréquemment et les entreprises doivent s'améliorer rapidement pour éviter que la concurrence prenne les devants.

Toutefois, l'humain n'aime pas changer. Le changement est acceptable tant qu'il concerne les autres et non nous-mêmes. Nous résistons à tout changement qui nous implique. L'amélioration continue et l'innovation n'ont ainsi pas leur place tant que l'entreprise n'en fait pas une pratique délibérée.

Afin de briser la culture des héros dans l'entreprise, il faut remettre en question les façons de faire actuelles. Le changement s'apprivoise en comprenant son importance pour nous et en l'intégrant graduellement dans notre travail pour enfin l'accepter pleinement. L'expérimentation est aussi nécessaire pour soutenir l'apprentissage entre collègues et l'amélioration des façons de faire.

Une bonne expérimentation est encadrée et possède des balises claires. Il ne s'agit pas seulement d'essayer quelque chose et de « voir ce que ça donne ». Souvent, les employés évitent les expérimentations, car elles comportent un risque d'échec et sont perçues comme une perte de temps. Par ailleurs, les employés ont de la difficulté à bien formuler leurs attentes et leur gestionnaire ne leur laisse pas de temps réservé pour l'expérimentation.

Une façon simple d'expérimenter est d'utiliser la

méthode PDCA (Plan, Do, Check, Act) (« PDCA », 2023, 17 avril) développée par Walter A. Shewhart, mais surtout connue avec les travaux de William Edwards Deming. Elle se déroule en quatre étapes :

1. Planifier l'expérimentation.

- Poser une hypothèse. C'est la question ou l'affirmation qu'on tente de confirmer ou d'infirmer. Elle prend la forme d'un énoncé clair dont on ne connaît pas la conclusion actuellement.
- Planifier les actions qu'on veut poser pour tester l'hypothèse.
- Utiliser la formulation suivante : « Si je fais [insérer une action ici], je pense que ça causera [insérer le résultat attendu ici] et je pourrai valider si [insérer une condition de succès ici]. »

2. Faire l'expérimentation.

- L'expérimentation dure selon un temps déterminé. Elle n'est pas infinie.

3. Observer et vérifier les résultats.

- Une fois les actions réalisées, il faut observer les effets obtenus.
- Des questions peuvent guider cette étape : a-t-on obtenu le résultat attendu ? Est-ce que les conditions de succès sont remplies ? Est-ce qu'il s'est passé quelque chose d'imprévu ?

4. Décider de la suite.

- C'est l'étape pour décider quoi faire avec les résultats obtenus.
- Des questions peuvent guider cette étape : qu'est-ce qu'on a appris ? Est-ce qu'on a réussi à confirmer notre hypothèse ? Est-ce qu'on doit adapter la prochaine expérimentation ? Est-ce qu'on arrête tout ?
- On communique l'apprentissage fait avec l'expérimentation.

L'expérimentation doit comporter ces quatre étapes sans quoi elle n'est pas complète et on n'en tire pas tous les avantages.

Il n'y a pas de garantie de succès avec l'expérimentation. Si on en connaît les résultats d'avance, l'expérimentation est une perte de temps. Comme le risque est présent, il y a une possibilité de commettre des erreurs et de ne pas profiter du résultat attendu. C'est souvent ici que les entreprises accrochent, car elles ne veulent pas perdre de temps. Alors on essaie uniquement ce qui fonctionne pour ne pas avoir à justifier une perte de temps.

Bonne nouvelle ! Aucune expérimentation n'est une perte de temps puisqu'on apprend. Même si on n'obtient pas le résultat attendu, l'expérimentation permet de se mettre en action plutôt que de seulement penser aux hypothèses d'améliorations. Elle montre un engagement sincère de l'entreprise pour une amélioration continue de ses processus.

Durant l'expérimentation, on peut contrôler le facteur de risque en ce qui a trait à l'investissement de temps nécessaire pour réaliser les actions planifiées. Mieux vaut faire une courte expérimentation pour apprivoiser le processus que de ne rien faire. Dans le pire des cas, on apprendra quelque chose. Plus l'expérimentation devient une habitude, plus la tolérance au risque augmente. Il faut se donner le temps d'apprendre à apprendre.

L'entreprise doit soutenir les principes suivants pour favoriser l'amélioration continue et l'innovation :

- Permettre le droit à l'erreur, ou plutôt, donner le droit à l'apprentissage.
- Établir des balises claires pour l'expérimentation et les communiquer à tous les employés.
- Accepter que toute bonne pratique soit la meilleure du moment jusqu'à ce qu'on en trouve une meilleure. Aucune bonne pratique n'est permanente.
- Considérer l'expérimentation comme du travail. Elle se fait sur les heures régulières de travail et est valorisée autant que les autres tâches à accomplir.

L'expérimentation est le moyen de soutenir l'amélioration continue nécessaire pour remettre en question les façons de faire qui perpétuent la culture des héros. L'entreprise donne aussi le pouvoir à tous les employés de simplifier leur quotidien sans devoir constamment s'appuyer sur les héros pour le faire.

En résumé

Basé sur la loi de Conway, le phénomène de culture des héros en milieu de travail est le reflet de la structure des communications internes dans l'entreprise. Pour briser la culture des héros à l'échelle de l'organisation, il faut changer les façons de faire qui contribuent au phénomène. Voici les sept tactiques que l'on a examinées dans ce chapitre :

1. *Réduire le mode multitâche à grande échelle* correspond à diminuer le nombre et la taille des projets en simultané pour être plus efficace. Le besoin d'avoir recours aux héros diminue lorsque le fonctionnement multitâche est atténué.

2. *Passer d'une planification individuelle à une planification collective* réduit le risque pour les employés de se comparer et encourage le travail d'équipe et la réussite en tant qu'équipe.

3. *Diversifier les compétences* au sein de l'équipe de travail réduit la dépendance à un seul héros qui possède les connaissances nécessaires à la réalisation du travail.

4. *Laisser partir le héros* est une meilleure solution que de tenter de le remplacer.

5. *Limiter les heures supplémentaires* afin d'éviter le surmenage. Celles-ci ne doivent être utilisées qu'en cas d'urgence uniquement.

6. *Rendre transparentes les communications internes* afin d'inclure les employés plus tôt dans le changement et de réduire les rumeurs et les incompréhensions. Le réseau de communication informel devient un allié et non une menace.

7. *Encourager l'amélioration continue.* L'entreprise doit soutenir l'expérimentation afin de s'améliorer continuellement. Donner le droit à l'erreur ainsi que des balises claires et considérer

l'expérimentation comme du travail sont essentiels pour que les employés veuillent expérimenter.

Les tactiques appliquées au niveau de l'entreprise demandent des changements plus profonds dans les façons de faire et doivent être utilisées avec celles présentées pour déjouer les héros au quotidien. Ce n'est pas un changement facile, car plusieurs façons de faire des entreprises sont ancrées depuis plusieurs années et sont des réflexes bien maîtrisés. Des approches seront proposées dans les chapitres ultérieurs pour adresser le changement de culture à grande échelle.

Il reste une perspective à explorer et il s'agit de celle du héros. Le prochain chapitre se concentre sur les tactiques à appliquer lorsque nous sommes le héros.

7

QUAND LE HÉROS, C'EST MOI

LORSQUE VENAIT le temps des vacances estivales, je devais préparer l'équipe et mes clients à prendre le relais durant mon absence plusieurs semaines à l'avance. Je passais des jours à écrire des détails dans le système des demandes pour expliquer tout ce qui était dans ma tête en lien avec le travail en cours. Lorsque le moment venait de partir, je m'imaginais toutes sortes de scénarios catastrophes et je pouvais voir ce même stress dans le regard de mes collègues.

Au retour, j'avais 983 courriels, ma boîte vocale était pleine, il y avait des messages papier sur mon bureau, mes collègues venaient me raconter tout ce qui s'était passé et mon gestionnaire arrivait peu de temps après en disant : « J'espère que tu t'es reposé ! Il faut qu'on se parle, j'ai une urgence pour toi. » L'urgence était une demande qui était en attente depuis mon départ parce que c'était plus simple d'attendre mon retour que d'agir. J'étais déjà exténué avant même l'heure du lunch et je passais les trois semaines suivantes à rattraper le retard.

La question que j'ai fini par me poser après plusieurs

années similaires a été : « Pourquoi est-ce que je prends des vacances au juste ? Ce serait plus simple de ne pas en prendre. »

La même année, j'ai réalisé que j'étais un héros au travail. J'en suis arrivé à croire que prendre des vacances était trop compliqué, que mon attitude envers mes collègues était blessante, que j'étais le seul à connaître une foule de détails critiques sur le travail à accomplir, que je me plaignais chaque fois qu'il y avait un imprévu et que j'étais confiné dans un poste voué à disparaître dans quelques années.

Ma première réaction a été d'avoir peur et de vouloir fuir cette situation. Je ne voulais pas être le genre de collègue à l'attitude déplaisante. J'ai eu besoin de beaucoup de volonté pour décider de passer à l'action. J'avais honte d'agir de manière désagréable envers mes collègues auxquels je ne voulais pas demander d'aide. Je ne croyais pas que quelqu'un pouvait m'aider et comprendre la situation complexe dans laquelle je me trouvais.

J'ai donc fait cavalier seul pour changer mon attitude.

Aujourd'hui, je ne ferais pas la même erreur. Je ferais appel à mon réseau de collègues et d'amis pour chercher du soutien moral. Réussir à changer mon attitude par moi-même m'a pris près de trois ans. Je n'arrivais pas à objectiver mes difficultés ni à trouver facilement des solutions pour changer ma relation avec mes collègues. J'ai fait beaucoup d'essais et erreurs avant de trouver des tactiques qui ont fonctionné. Avec le recul, j'aurais été gagnant de faire appel à de l'aide professionnelle pour être écouté et apprendre à mieux me connaître. Je suis content d'avoir trouvé une façon de sortir grandi de cette expérience et je souhaite que les héros ne gardent pas le silence face à l'adversité.

Il est important de rappeler qu'être un héros est une attitude en réponse à un environnement. Il faut dissocier l'attitude de la personne, mais surtout, ne pas se sentir mal de se rendre compte que l'on est un héros. Le reste de ce chapitre demande une bonne dose d'amour propre. Il n'est jamais trop tard pour apprendre et grandir.

Retour sur les tactiques en mode héros

Les tactiques présentées dans les chapitres précédents sont toutes aussi utiles pour les employés que les gestionnaires. Pour le héros, il faut les adapter légèrement. Ces tactiques permettent de changer l'attitude de la personne qui est le héros et d'influencer les autres qui ne savent pas comment travailler avec lui une fois qu'elles sont adaptées.

Il est possible que l'entourage immédiat ne souhaite pas que le héros cesse de l'être parce qu'il est essentiel au bon fonctionnement de l'équipe. Le héros peut tout de même changer la dynamique de travail avec son équipe en utilisant les tactiques adaptées pour lui. Toutefois, inclure son entourage immédiat dans les efforts de transformation amène un meilleur résultat. Ce n'est pas tout le monde qui a la chance de lire ce livre !

Les tactiques ne seront pas expliquées de nouveau, mais ce en quoi elles diffèrent selon la perspective du héros le sera. En cas de doute, référez-vous aux chapitres 4 et 5 pour les détails complets de chaque tactique.

1. Cesser de dire « oui, mais »

Le « oui, mais » est une arme à double tranchant. D'un côté, le héros s'en sert pour imposer son idée ; de l'autre, pour s'assurer que rien n'est oublié. Le « oui et » a le pouvoir d'inclure et d'inviter les idées des autres, et donc de collaborer avec les collègues plutôt que de participer à une joute pour savoir qui aura le dernier mot.

Il est difficile de résister à la tentation du « oui, mais ». Il faut de la pratique et de la patience pour ne pas succomber au réflexe naturel de l'utiliser. Voici quelques trucs pour changer ce réflexe :

- Répéter la phrase suivante trois fois avant chaque rencontre : « Je vais dire "oui et" plutôt que "oui, mais". » Pour un meilleur résultat, dire la phrase ou l'écrire.
- Écouter pour comprendre plutôt que pour répondre. Les « oui, mais » arrivent naturellement parce qu'on les utilise constamment pour répondre aux autres. Si on cherche à comprendre ce que disent les autres, le nouveau réflexe sera de construire sur les idées avec le « oui et ».
- Être attentif aux « oui, mais » des autres pour éviter de provoquer un « oui, mais » comme réponse. Les collègues entourant le héros sont habitués d'utiliser le « oui, mais » pour tenter de gagner l'argumentation avec le héros.
- Faire une micro-pause avant de répondre. Compter mentalement jusqu'à trois pour se donner le temps de formuler le « oui et » plutôt que dire « oui, mais ».
- Avoir de la résilience et se donner le temps de changer l'habitude du « oui, mais ». Après quelques semaines, ce sera plus facile.

Le « oui, mais » incite les collègues à convaincre le héros avec des arguments tandis que le « oui et » positionne le héros comme un collaborateur hors pair. En tant que héros et modèle à suivre de l'entreprise, ce changement de langage a pour effet d'entraîner les autres collègues à collaborer plutôt qu'à convaincre.

2. Dire non

Le « non » venant du héros est puissant. Il est difficile pour les collègues du héros de rivaliser avec son refus. Comme il est l'expert, le héros a tous les arguments pour se justifier. Afin d'être plus ouvert et inclusif, mieux vaut réduire l'utilisation du « non » pour le héros et privilégier le « oui et ».

Pour ne pas décourager les collègues, il est judicieux d'ajouter une courte explication pour préciser la raison d'un « non ». De cette manière, les collègues n'ont pas l'impression que le héros n'écoute pas ou qu'il ne fait qu'imposer sa volonté.

Le « non » est une réponse plus claire qu'un « oui, mais » et il permet d'éviter la cascade de « oui, mais ».

3. Ranger le dictionnaire

Les employés peuvent développer des qualités de résolution de problème sans l'aide du héros grâce à cette tactique. Le héros peut lui aussi en bénéficier. Il peut apprendre à changer la dynamique où ses collègues l'utilisent comme un dictionnaire vivant.

Lorsque les affirmations telles qu'« il n'y a rien qui fonctionne ! » surviennent, il est important de faire une pause.

Même si la réponse est sur le bout de nos lèvres, il faut se retenir. Mieux vaut utiliser les trois questions suivantes, dans l'ordre, avec un collègue :

1. Qu'est-ce que tu as essayé jusqu'à maintenant ?
2. Qu'est-ce que tu comprends de la situation ?
3. Qu'est-ce que tu vas essayer ensuite ?

Le héros guide le collègue à chacune des questions sans lui donner les réponses. S'il ne parvient pas à y répondre, il peut offrir des choix. Par exemple, le héros demande :

Qu'est-ce que tu vas essayer ensuite?

Je ne sais pas! Je n'en ai aucune idée!

Peut-être pourrais-tu vérifier dans la documentation ou appeler le responsable de cette équipe pour trouver l'information?

Ah! Bonne idée, je n'y avais pas pensé.

Surtout, le héros ne doit pas faire l'action à la place du collègue. L'objectif est de le laisser apprendre par lui-même pour qu'il trouve la meilleure façon d'y arriver sans le héros.

Le héros a aussi une responsabilité dans la manière de guider ses collègues. Laisser quelqu'un chercher la réponse pendant plusieurs heures peut avoir des conséquences importantes sur le service au client ou même des conséquences financières pour l'entreprise. Le héros est en mesure, grâce à son expertise et à son expérience, de juger combien de temps il est acceptable de laisser un collègue chercher une solution par lui-même. Plusieurs facteurs peuvent aider le héros dans son jugement tels que le degré d'urgence du problème en cours, le niveau de service exigé pour le client, le risque d'ajouter un délai de réponse ou le niveau de compétence de ses collègues. De cette façon, le héros évite de laisser les collègues chercher inutilement trop longtemps tout en développant leurs compétences en résolution de problème. Si un collègue arrive avec une urgence, ce n'est pas le bon moment pour poser les trois questions. On doit d'abord adresser l'urgence *avec* la personne en l'accompagnant dans les étapes pour régler la situation plutôt que de résoudre le problème à sa place. On peut alors expliquer les solutions mises en place une fois l'urgence passée. On veut faciliter un apprentissage, pas un sevrage du héros.

4. Travailler en paire

Cette tactique est l'occasion de partager les connaissances du héros avec le reste de l'équipe. Le plus important pour le héros est de travailler en paire avec tous les membres de l'équipe. Il ne faut pas qu'il focalise son attention uniquement sur un ou deux collègues privilégiés.

Il peut être intimidant pour les collègues de demander de travailler en paire avec le héros. Une bonne pratique pour ce dernier est d'être celui qui invite un coéquipier à travailler avec lui. À l'inverse, si le héros est grandement sollicité, c'est l'occasion de proposer à deux autres collègues de travailler ensemble tandis qu'il reste disponible s'ils ont des questions. Lorsque ces dernières surviennent et que le duo vient les lui présenter, le héros applique la tactique du dictionnaire, soit de poser les trois questions pour provoquer la réflexion sur la résolution de problème.

Le héros peut aussi volontairement choisir avec qui le

travail en paire aura le plus d'impact positif. Par exemple, il peut choisir de travailler avec le collègue qui en connaît le moins sur le sujet pour lui donner le plus d'attention et lui transmettre les connaissances à acquérir afin de devenir autonome.

Dans tous les cas, pour encourager l'apprentissage de son collègue, le héros ne doit pas être celui qui contrôle l'ordinateur. Si le besoin de prendre le contrôle devient nécessaire malgré tout, il doit redonner le contrôle à l'autre aussitôt que possible.

Le héros doit éviter de passer la journée entière à travailler en paire. Il doit se réserver du temps pour accomplir les tâches que ses collègues ne sont pas encore en mesure d'accomplir. Une bonne pratique est de réserver des plages horaires entre 45 et 90 minutes et d'en informer l'équipe.

5. Interrompre le héros

En plus de miser sur la capacité des autres collègues à l'interrompre, le héros peut aussi apprendre à limiter ses interventions verbales et à laisser la parole à ses collègues. Il s'agit d'une forme d'auto-interruption. Voici quelques trucs pour y arriver :

- S'assurer que les rencontres ont un objectif clair. S'il n'y en a pas, en proposer un pour limiter la portée de la rencontre et éviter les conversations qui divergent. Le héros peut ainsi réaliser qu'il est hors sujet.
- Parler moins longtemps. Selon les neurosciences de l'apprentissage (Gil, Medjad et

Lacroix, 2016, p. 83), l'attention diminue radicalement à la dixième minute. Le héros doit donner la parole aux autres lorsque le temps est écoulé.

- Limiter la quantité d'information donnée. Il n'est pas nécessaire de surcharger un collègue avec l'ensemble de ses connaissances chaque fois qu'une question est posée. Gardez cette passion pour les communautés de pratique ou autres moments propices pour les longs échanges et débats d'idées.
- S'interrompre et demander si assez d'informations ont été données. Après une courte explication, le héros demande, par exemple : « Est-ce que l'information est suffisante ou ai-je besoin d'en dire plus ? »

S'interrompre soi-même demande plus de discipline et d'écoute que d'interrompre les autres. Toutefois, cette façon de faire invite les collègues à participer et leur montre qu'il est acceptable d'interrompre le héros.

6. Arrêter de se justifier

Le héros se justifie lorsqu'il tente de convaincre les autres et de prouver que sa décision ou son affirmation est vraie. Se justifier devient alors un moyen de défense pour être certain que ses idées soient acceptées et qu'il ne reste plus de place à la négociation.

Lorsque le héros se justifie, il décourage les autres rapidement, car il maîtrise mieux les détails et les nuances en lien avec son expertise. Réussir à réfuter un héros n'est pas une mince tâche et ne contribue pas à une collaboration facile avec lui.

Arrêter de se justifier va de pair avec la tactique précédente où le héros s'interrompt lui-même. On cherche à laisser plus de place à la discussion et au débat constructif d'idées. Les postures de persécuteur, de sauveur et de victime prennent alors moins de place dans la conversation.

Plutôt que de se justifier, il est préférable de faire trois choses :

- Expliquer.
- Simplifier.
- Résumer.

Le héros doit apprendre à en dire moins tout en restant pertinent.

7. Réduire le mode multitâche

Ce n'est pas simple pour un héros de réduire le nombre de tâches qu'il exécute en même temps. La nature de son travail l'amène à passer constamment d'un sujet à l'autre. Il est utopique de penser que le héros peut travailler sur une seule tâche à la fois. Toutefois, il y a des moyens pour réduire les tâches simultanées et surtout pour ne pas contribuer à les augmenter.

La première façon est de réduire le nombre d'activités en cours. Voici quelques options :

1. Utiliser la tactique *Dire non* pour éviter d'accepter automatiquement de nouvelles activités. Il sera alors possible de terminer ce qui est commencé

avant de porter son attention sur la nouvelle activité.

2. Remplacer une activité par une autre lorsqu'il est impossible de dire non. Il faut chercher à retirer une activité dans la liste existante. Il est facile de le faire lorsqu'on est en mesure de prioriser par soi-même, sinon il faut demander au responsable de le faire et de retirer ou de repousser une activité à plus tard. Ainsi, on n'augmente pas le fonctionnement multitâche.

3. Demander une date de remise plus éloignée dans le temps plutôt que la date désirée. Un des pièges qui force le héros à accepter de plus en plus d'activités est quand il demande : « Tu as besoin de ça pour quand ? » La réponse est généralement : « Aussitôt que possible », donc la surcharge est inévitable. Demandez plutôt : « Jusqu'à quand peux-tu attendre avant que je termine ? » De cette façon, le héros peut mieux planifier la séquence d'exécution des activités au lieu de sauter d'une tâche à l'autre.

4. Établir des règles claires de priorisation du travail. Sans règles claires, toutes les demandes sont urgentes et la méthode de priorisation se résume à celles qui crient le plus fort. Le meilleur truc est d'avoir un top dix des activités prioritaires et une seule activité pour chaque élément de la liste. Aussi, il faut rester strict sur les règles établies et éviter l'apparition de sous priorités (1.1, 1.2, 1.3 ou même 0 !) qui est en fait une tentative de court-circuiter la liste.

La deuxième façon est de participer activement à la planification à long terme des projets à venir plutôt que de laisser d'autres collègues décider de leur côté. Grâce à son expertise, le héros peut aider à découper les longs projets en plus petits morceaux sans compromettre leur succès. Il s'agit d'une tâche difficile à faire pour des collègues qui n'ont pas l'expertise requise. Une technique telle que le *Story Mapping* proposé par Jeff Patton (s. d.) est un excellent moyen d'y arriver.

Le *Story Mapping* permet de visualiser l'ensemble des activités d'un parcours utilisateur et de cartographier notre compréhension du travail à faire pour réaliser le projet voulu. La technique se déroule en cinq étapes :

1. **Cadrer** : expliquer la raison d'être du projet, qui en bénéficie, pourquoi il est important. Par exemple : définir l'intention d'un livre et qui est le public cible.

2. **Cartographier la situation dans son ensemble** : noter toutes les grandes tâches qu'un utilisateur doit faire de manière sommaire. Un peu comme la table des matières d'un livre qui explique le parcours du livre. L'objectif est de voir l'histoire dans l'ensemble, pas juste une partie.

3. **Explorer** : décrire en détail chacune des grandes tâches de l'étape précédente. Il n'y a pas de limites, tout est permis. Par exemple : écrire tout le contenu qu'on aimerait ajouter dans un livre, les questions à répondre, les exercices à faire, les références, etc.

4. **Découper les versions viables** : comme il est impossible de tout faire en même temps, il faut

segmenter le travail en sections autonomes. Par exemple, une première version numérique d'un livre est disponible, puis une deuxième version papier l'est et une troisième option serait d'avoir une version audible. Dans tous les cas, chaque version est utilisable avec toutes les sections nécessaires au lieu que l'auteur essaie de faire un chapitre pour les trois versions en même temps.

5. **Découper une stratégie de réalisation** : Découper le travail à faire pour la première version de l'étape précédente. Par exemple : découper le travail à faire pour compléter la version numérique d'un livre.

Le *Story Mapping* permet alors d'avoir une vue d'ensemble de tout le projet en liant le travail à faire jusqu'à l'expérience client. Les versions viables servent à limiter la portée du travail sur un objectif plus ciblé plutôt que d'essayer de faire toutes les tâches du projet en même temps.

8. Passer d'une planification individuelle à une planification collective

Le héros est capable d'accomplir seul les activités, mais il doit volontairement changer cette approche pour minimiser la dépendance à son expertise. Plusieurs trucs ont été donnés dans la section *Travailler en paire* de ce chapitre. Toutefois, il reste un élément important à mentionner quant à la planification des activités de l'équipe.

Le héros a tendance à estimer le temps nécessaire en fonction de sa capacité et de sa propre vitesse. En essayant de planifier les activités en fonction de chaque membre de l'équipe séparément, l'estimation du temps nécessaire diffère d'un membre à l'autre, et ceci est encore plus vrai pour le héros. Une bonne pratique est de planifier en fonction de la capacité moyenne de l'équipe en excluant celle du héros. Par exemple, s'il est capable de terminer en une journée, mais que le reste de l'équipe le fait en trois, il faut utiliser trois jours comme barème.

Le héros doit éviter de faire des promesses au nom de l'équipe en fonction de sa propre capacité, tel qu'expliqué par Mark Burgess (2015) dans son livre *Thinking in Promises: Designing Systems for Cooperation*. Cela évite que l'entreprise ait des attentes irréalistes et qu'elle doive gérer les dépassements de coûts et de délais lorsque les promesses ne sont pas respectées. Le réflexe du héros doit être d'estimer le travail comme si quelqu'un d'autre le faisait à sa place ou encore mieux : inviter l'équipe dans l'estimation du projet. Les attentes seront alors plus fiables. Dans le cas où le héros serait celui qui accomplit cette tâche de travail, le client pourra profiter d'un meilleur temps de réalisation que prévu.

9. Diversifier les compétences

Le héros est le candidat idéal pour initier une communauté de pratique entourant son expertise. De cette manière, il a une tribune claire où partager ses connaissances et aider à diversifier les compétences de ses collègues. Il peut aussi orchestrer l'ordre dans lequel l'apprentissage d'une compétence est le plus efficace et éviter que ses collègues perdent du temps sur des sujets moins pertinents.

Lorsqu'il est temps d'apprendre quelque chose de nouveau, le héros est souvent le premier à recevoir les nouvelles connaissances. Les autres collègues ont rarement accès avant lui aux formations spécialisées, aux conférences et aux colloques. Pour qu'un collègue diversifie ses compétences, le héros doit lui laisser sa place et lui permettre d'apprendre quelque chose de nouveau avant lui. Une bonne manière de faire est de procéder à une rotation du personnel qui peut participer aux évènements de développement professionnel. De cette façon, toute l'équipe en profite, le héros ne s'approprie pas toute la connaissance et l'entreprise réduit sa dépendance envers lui.

Le héros doit aussi apprendre à déléguer plus souvent. La phrase typique qu'il utilise est : « C'est plus long l'expliquer que de le faire moi-même. » À court terme, oui, le héros est plus rapide. Or, à long terme, on continue de dépendre de lui et de son manque de disponibilité.

Le problème est qu'on voit le travail comme un ensemble indivisible plutôt qu'une suite de petites tâches. Un collègue qui possède moins de compétences est aussi capable de réaliser une partie du travail. Le héros peut alors déléguer les tâches que ses collègues sont en mesure d'effectuer et ne conserver que les parties que l'équipe est incapable d'accomplir pour l'instant.

Le but est d'impliquer aussitôt que possible les collègues dans le travail que seul le héros sait faire. La délégation de certaines tâches vient aussi réduire la quantité de travail que le héros doit faire, ce qui permet ainsi de réduire le fonctionnement multitâche.

10. Laisser partir le héros

La meilleure façon d'abandonner son rôle de héros est de devenir inutile. En laissant l'équipe s'approprier les connaissances et les compétences spécifiques à l'équipe, il devient plus facile de quitter l'entreprise. Le héros peut alors postuler sur un autre poste ou même changer d'entreprise sans devoir subir la pression de rester ou d'imposer un stress intense à l'équipe.

Lorsque j'ai décidé de quitter mon équipe de l'époque, mon gestionnaire a posé la question suivante à l'équipe : « D'un à dix, quel est le niveau de risque à la suite de ce départ ? » Aux yeux de mon gestionnaire, j'étais encore le héros sauveur dont il avait grandement besoin. L'équipe répondit : « Deux. » Il n'y avait pas de risque, car j'avais passé les deux dernières années à me rendre inutile et à former toute l'équipe. Mon départ s'est fait sans embûches.

En reconnaissant l'impact qu'il a sur l'entreprise, le héros peut aviser de son intention de changer de poste et établir un plan de transition en conséquence. Ce changement est plus facile lorsque le héros et l'entreprise travaillent ensemble sur ce plan. Toutefois, l'entreprise peut être réticente à laisser partir son héros et usera de divers stratagèmes pour éviter son départ : offrir une augmentation salariale, un nouveau titre ou plus de responsabilités et même culpabiliser le héros. Dans tous les cas, ce n'est que retarder l'inévitable : le départ du héros.

II. Limiter les heures supplémentaires

Je me souviens de mon premier emploi : j'étais passionné et motivé par le travail que j'avais à faire. C'était à un point tel que je me connectais sur mon ordinateur le soir pour continuer, même en sachant que je ne pourrais pas facturer ces heures supplémentaires non autorisées.

Avec le temps, travailler le soir est devenu une habitude

motivée par obligation. C'était le seul moyen de compléter le projet dans les temps ou de réussir à tout faire ce qui était dans ma liste de tâches pour la semaine. N'étant pas facturé, ce temps n'apparaissait pas dans les statistiques, et l'entreprise pensait à tort que j'étais capable d'en faire toujours plus.

À vrai dire, j'en faisais toujours plus, mais à mes frais. Je n'étais pas payé à la hauteur des heures réalisées et je réduisais mon temps de vie personnelle.

Lorsque le héros réussit à en faire toujours plus, l'entreprise comprend que la limite du héros n'a pas été atteinte. Celui-ci doit apprendre à dire non aux heures supplémentaires. D'abord, pour ne pas abuser de son temps personnel et ensuite, pour forcer l'entreprise à trouver d'autres solutions. Même si les heures supplémentaires sont payées, les effets néfastes demeurent.

Les heures supplémentaires doivent rester l'exception. L'occasion d'ouvrir la conversation sur différents moyens est conseillée aussitôt que les heures supplémentaires sont fréquentes ou utilisées par défaut. De plus, les employés sont les meilleures personnes pour informer l'entreprise que le temps supplémentaire est utilisé trop fréquemment. La conversation doit avoir lieu avec toutes les parties concernées pour amener des moyens efficaces et équitables.

12. Rendre transparentes les communications internes

La contribution du héros aux communications internes est essentielle. Grâce à son expertise et à son expérience, le héros a souvent un accès privilégié à l'information. Son réflexe doit être de communiquer cette information plutôt que de la garder pour soi. Ce partage en continu évite que les collègues lui demandent l'information directement.

Si l'entreprise soutient la transparence, le héros n'aura pas de remords ni de sanctions s'il divulgue de l'information. Au contraire, si l'entreprise souhaite informer uniquement les héros en leur demandant de ne rien répéter, on doit trouver une façon pour informer les autres collègues.

Un de mes anciens gestionnaires avait une méthode simple pour partager l'information à laquelle il avait accès, mais qu'on lui demandait de ne pas divulguer : il prenait le risque de nous en parler tout en nous rendant responsables de ne rien répéter. Il organisait une rencontre impromptue et déclarait : « Ce qui se dit ici reste ici, mais tout le monde sortira de la salle avec la même information. » Cette approche comporte le risque qu'un collègue divulgue l'information, mais elle encourage un sentiment de confiance. Comme toute l'équipe recevait l'information en même temps, personne n'avait besoin de poser de questions en cachette. Je n'ai jamais vu un collègue briser ouvertement ce lien de confiance pendant toutes les années à travailler avec ce gestionnaire.

Le héros a intérêt à partager l'information autour de lui pour encourager la confiance et la responsabilisation en plus d'éviter les rumeurs.

13. Encourager l'amélioration continue

Les possibilités d'amélioration continue sont très accessibles pour le héros. Il est bien placé pour proposer des idées et mener des initiatives d'amélioration. Il peut aussi aider à expliquer les gains possibles pour justifier l'investissement en temps nécessaire.

Lorsque le héros a une idée pour améliorer les façons de faire, il doit la communiquer à ses collègues et les impliquer dans les tâches à réaliser. Par exemple, il pourrait demander à un collègue de travailler en paire. Si l'idée vient d'un collègue, le héros doit éviter de décourager l'initiative même si l'idée proposée n'est pas la meilleure. L'important est d'encourager les collègues en retenant leurs idées autant que celles du héros. Le héros peut juger si l'idée a un potentiel d'aider ou de causer plus de problèmes, et proposer un ajustement au besoin.

La troisième question de la tactique *Ranger le dictionnaire,* « qu'est-ce que tu vas essayer ensuite ? », peut démarrer un processus d'amélioration continue selon la réponse. Le héros peut alors aider à planifier et participer aux activités avec ses collègues.

Les initiatives d'amélioration continue n'ont pas besoin d'être des projets d'envergure dans l'entreprise. Il est plus facile de prendre en charge des petites initiatives, car elles sont plus accessibles à tous les employés sur une base régulière. Elles auront aussi de meilleures chances d'être complétées, car les initiatives rivalisent avec le nombre d'activités en cours dans l'entreprise.

L'important pour le héros est d'éviter de faire des améliorations tout seul dans son coin. Il doit impliquer ses collègues et ultimement « jouer en équipe ».

Quelques nouvelles tactiques propres aux héros

Toutes les tactiques décrites plus bas sont utiles pour les collègues qui travaillent avec le héros. Toutefois, elles sont présentées principalement pour le héros lui-même.

1. Arrêter le projet du dépassement de soi

Quand j'ai commencé à travailler, j'étais avide d'acquérir de nouvelles connaissances. J'ai investi beaucoup de temps à lire des blogues sur le développement informatique, à m'inscrire à toutes les infolettres des sites que je visitais, à télécharger tout ce que je pouvais sur les bonnes pratiques de développement logiciel. J'ai aussi acheté des livres sur les meilleures pratiques du moment, écouté des conférences TED en masse, participé à des évènements de partage de connaissances, payé pour de la formation en ligne, etc. J'ai vite compris que je devais acquérir de nouvelles connaissances pour être en mesure de réaliser un bon travail et pour continuer à développer mes compétences. C'était aussi nécessaire afin d'avoir de l'avancement pour d'autres postes plus prestigieux et payants. Je ne pouvais pas m'empêcher d'afficher chaque accomplissement dans ma signature courriel avec une série d'acronymes correspondants aux certifications réalisées.

Au début, c'était agréable et gratifiant de partir à la chasse aux informations et d'acquérir de nouvelles compétences. Mais ce dépassement de soi n'a pas de fin. Un fort sentiment comme quoi on n'aura jamais assez de connaissances pour être compétent ou que, sans telle certification ou tel cours, on ne sera jamais « assez bon » nous envahit.

Dans son livre *The Elegant Self : A Radical Approach to Personal Evolution for Greater Influence In Life*, Rob McNamara (2013) parle de cet état d'esprit où la personne est en recherche perpétuelle d'approbation de soi, en quête de connaissances sans apprécier tout le chemin parcouru dans ses apprentissages. Comme si acquérir toujours plus de connaissances allait permettre d'atteindre un état d'accomplissement personnel, de pouvoir enfin relaxer. Rob McNamara explique aussi que ce besoin de dépassement de soi est un incitatif à nous développer en tant qu'humain, mais qu'à un certain point, ce besoin devient impossible à combler et nous limite dans notre développement.

Le héros veut être bon dans tout et cherche toujours à se perfectionner, comme s'il n'était *jamais assez* bon. Il peut alors avoir un sentiment qui s'apparente au syndrome de l'imposteur (« Syndrome de l'imposteur », 2023, 26 mars) en doutant constamment de ses capacités. Le héros entame donc rapidement ce genre de projet de dépassement de soi qui entretient sa surspécialisation.

Nos lacunes sont des occasions de profiter de l'expertise des autres. Au lieu de devenir compétent dans tout, le héros peut créer des liens avec des collègues qui sont meilleurs que lui. Il n'est pas question de mettre de l'avant ses faiblesses, mais plutôt sa capacité à travailler en équipe, d'accepter de l'aide et d'accepter que d'autres personnes puissent être très compétentes aussi.

- Arrêter de se surpasser en limitant la surconsommation d'informations et de connaissances. Par exemple, mieux vaut faire une ou deux formations pertinentes dans l'année et prendre le temps de mettre en pratique les connaissances acquises avant de chercher une nouvelle formation. On veut éviter l'équivalent du visionnement en rafale de séries sur des plateformes de diffusion en continu où on cherche sans cesse une nouvelle série à consommer. On doit prendre une pause entre les séries pour apprécier la prochaine. Aussi, limitez la liste des certifications obtenues à une ou deux pertinentes, à côté de votre nom dans votre profil

LinkedIn ou votre signature électronique. Vous serez moins centré sur vos accomplissements et plus sympathique aux yeux de vos collègues.

• Réduire le nombre d'abonnements aux infolettres ou revues, surtout celles que vous ne lisez jamais. En fait, mieux vaut se désabonner d'une infolettre qu'on ne lit pas depuis quelques mois. Les courriels s'accumulent et se mélangent inutilement aux infolettres qui vous intéressent vraiment. De plus, certains abonnements ont des frais récurrents qui seraient mieux investis dans une autre source d'information plus enrichissante. On ne doit pas hésiter à annuler un abonnement et à y revenir plus tard, au besoin. Les goûts et les besoins en information changent, et nécessairement les sources aussi.

• Lire ce qui traîne et qui n'a jamais été lu. Par exemple, les livres qui ont été achetés parce qu'ils étaient intéressants au moment de se les procurer, mais qu'on n'a pas pris le temps de lire, faute de temps. Même chose avec les centaines de courriels non lus qu'on se dit qu'il faudrait bien regarder. Dans tous les cas, il vaut mieux prioriser du temps pour lire sur une base régulière et éviter d'accumuler une longue liste qui décourage. Les livres peuvent être offerts ou prêtés à des collègues. Les courriels ne sont pertinents que quelques semaines tout au plus ; mieux vaut les détruire et cesser d'avoir peur de manquer quelque chose qui pourrait être utile.

2. Demander de l'aide

Ma mère disait : « Tu ne peux pas aider quelqu'un qui ne veut pas être aidé. » En *coaching*, cet adage est particulièrement vrai, car sans l'autorisation d'aider un client, je vais infliger mon aide. La relation sera tendue et mon client aura uniquement envie de défendre son point de vue plutôt que d'accueillir mes conseils.

Demander de l'aide est difficile pour le héros parce qu'il doit se rendre vulnérable. Cette vulnérabilité le rend mal à l'aise et laisse croire qu'il n'est pas capable de faire quelque chose ou qu'il pourrait paraître incompétent.

Brené Brown (2010) explique dans son *TED talk The Power of Vulnerability* qu'être vulnérable aide à créer des liens de confiance. On doit faire preuve de courage en partageant des faits personnels, avoir de la compassion pour soi-même et pour les autres, et rechercher une connexion avec son entourage, un sentiment d'appartenance. La vulnérabilité se traduit dans des actions comme être la personne qui ose essayer quelque chose sans avoir la certitude de réussir, donner une critique négative envers quelqu'un, renvoyer quelqu'un. Mais aussi reconnaître ses torts, être transparent à propos du projet qui ne se déroule pas comme prévu, ou encore répondre « non » à la question « ça va ? ».

Ce genre d'actions vulnérables nous rend authentiques et réels aux yeux de nos collègues, car nous cessons de prétendre que tout va bien et qu'il n'y a jamais de problème. Le héros a intérêt à développer cette qualité afin de se rendre plus accessible et ouvert aux membres de son équipe en demandant plus souvent de l'aide.

3. Poser plus de questions

Poser des questions permet de laisser de la place aux

autres. Les tactiques *Cesser de dire « oui, mais »* et *Dire non* sont efficaces en ce sens. Le héros ne doit pas tenir pour acquis qu'il comprend ce que ses collègues veulent dire, car il risque de mal interpréter leurs intentions. C'est aussi un bon moyen pour ouvrir une discussion et échanger.

Par exemple :

- « Que veux-tu dire par tout est fini ? »
- « Qu'est-ce que ça veut dire pour toi [insérer un mot ou un concept ici] ? »
- « Pourquoi ça t'intéresse d'apprendre cette compétence ? »

En s'intéressant à ses collègues au moyen de questions, le héros les invite à participer plutôt que d'attendre qu'ils se manifestent eux-mêmes. C'est un moyen d'inciter les échanges et de mettre en pratique les tactiques apprises dans ce chapitre.

Diminuer mon empreinte de héros

Toutes ces tactiques m'ont aidé au fil des années à faire de la place à mes collègues de travail. Je me souviens des moments où je me retenais d'ajouter un commentaire ou un « oui mais ». J'ai été particulièrement fier lorsque j'ai assisté à une rencontre et que j'en suis sorti sans dire un seul mot! Ma présence n'avait pas été nécessaire. J'avais enfin la preuve que je pouvais refuser des invitations, puisque mes collègues pouvaient se passer de moi à l'occasion.

Le travail personnel que j'ai fait à l'aide des tactiques de ce chapitre m'a permis d'apprécier le travail de mes collègues, de voir leurs compétences, et d'intégrer leurs

idées. J'ai appris à leur faire de la place en soulignant leurs
succès et en référant leur expertise lorsque quelqu'un cher-
chait de l'aide. En diminuant mon emprise de héros sur
l'équipe, j'ai permis à tous les membres de se développer
sans pour autant réduire ma propre valeur. En fait, prendre
moins de place m'a plutôt donné des opportunités uniques
d'accompagner des équipes dans leur cheminement.

En résumé

Les tactiques vues dans les chapitres 4 et 5 doivent être adaptées selon la perspective du héros.

1. **Cesser de dire « oui, mais »** est un exercice qu'il
   faut pratiquer délibérément pour l'assimiler. Si le
   héros le fait, les autres le feront.
2. **Dire non** coupe rapidement la conversation. Il
   vaut mieux privilégier « oui et ».
3. **Ranger le dictionnaire** est une tactique qui a un
   meilleur succès lorsque le héros l'utilise lui-
   même.
4. **Travailler en paire** permet au héros de partager
   ses connaissances. Il doit laisser le contrôle de
   l'ordinateur à son collègue pour maximiser
   l'apprentissage.
5. **Interrompre le héros** fonctionne encore mieux
   lorsque le héros apprend à s'interrompre lui-
   même.
6. **Arrêter de se justifier** permet au héros de laisser
   plus de place à ses collègues. Il vaut mieux
   expliquer, raccourcir, simplifier.

7. **Réduire le mode multitâche** est nécessaire, autant pour le nombre d'activités du héros qu'avec la participation active de celui-ci dans la réduction de ce fonctionnement au niveau de l'entreprise.

8. **Passer d'une planification individuelle à une planification collective** amène le héros à estimer les travaux en fonction de la vitesse de l'équipe et non selon sa vitesse à lui.

9. **Diversifier les compétences** est une activité que le héros peut encourager dans l'entreprise. Il doit aussi apprendre à déléguer les tâches que ses collègues sont en mesure de faire dès maintenant.

10. **Laisser partir le héros** implique que le héros essaie de se rendre inutile. En aidant son équipe à accroître ses compétences, il pourra assurer une transition plus facile.

11. **Limiter les heures supplémentaires** de sorte qu'elles restent un moyen exceptionnel. Le héros doit apprendre à dire non et aider l'entreprise à trouver de meilleurs moyens.

12. **Rendre transparentes les communications internes** demande une participation active du héros vu son accès privilégié à l'information.

13. **Encourager l'amélioration continue** est mis de l'avant par le héros qui peut aider ses collègues et l'entreprise. Il est judicieux de miser sur de courtes initiatives d'améliorations et de s'assurer de les terminer.

Trois autres tactiques sont propres à la perspective du héros :

1. **Arrêter le projet du dépassement de soi** qui correspond au besoin incessant d'acquérir des connaissances et des compétences, ce qui provoque l'impression de n'être jamais assez bon. Les lacunes du héros sont des occasions d'inviter les autres à collaborer et de profiter de leur expertise.

2. **Demander de l'aide** n'est pas une faiblesse, mais une force utile pour se rapprocher de ses collègues.

3. **Poser plus de questions** sert à ne pas tenir pour acquis que le héros comprend ce que ses collègues veulent dire.

Maintenant que l'ensemble des tactiques ont été explorées, voyons quelles tactiques choisir en premier. Le prochain chapitre offre des choix éclairés pour chaque posture héroïque, à l'échelle de l'entreprise et parmi l'entourage immédiat du héros.

8

CHOISIR LES TACTIQUES À ESSAYER

« Oui, mais je fais quoi maintenant ? »
— *Un participant à une conférence sur les héros*

APRÈS TROIS CHAPITRES à détailler diverses tactiques, il est temps de prendre un moment pour consolider les acquis et établir une façon de les mettre en pratique au travail. Il y a des tactiques plus faciles que d'autres à incorporer dans son quotidien.

Il est inutile de vouloir utiliser toutes les tactiques en même temps. Même si elles sont complémentaires, il vaut mieux les intégrer graduellement pour éviter de disperser nos efforts.

Étant donné que les tactiques s'utilisent de manière différente pour chaque type d'individu, les chapitres 5, 6 et 7 sont classés selon ces perspectives :

- Le chapitre 5 offre des tactiques en lien avec des travailleurs qui côtoient un ou plusieurs héros au quotidien. Il s'agit de l'entourage immédiat du héros.

- Le chapitre 6 prend en considération le plus haut niveau dans l'entreprise et propose des tactiques qui agissent sur les processus et les façons de faire. Il est possible d'appliquer ces tactiques à petite échelle avant de les appliquer à l'ensemble de l'entreprise.
- Le chapitre 7, quant à lui, offre des tactiques pour le héros.

Dans ce chapitre, nous verrons les tactiques à privilégier pour amorcer la transformation de son milieu de travail.

Pour l'entourage immédiat du héros

La première tactique à intégrer à son quotidien est de *Cesser de dire « oui, mais »* et de le remplacer avec « oui et ». Cette tactique est celle qui a le plus d'impact positif dans la collaboration entre les employés. L'effet est immédiat puisque « oui et » est une invitation à collaborer plutôt qu'une esquive.

Avant de changer tous les « oui, mais » en un seul coup, il vaut mieux commencer par écouter pour identifier la fréquence à laquelle le « oui, mais » est utilisé dans notre langage quotidien. Il apparaît tant dans les conversations formelles, comme les rencontres d'équipes, que durant les rencontres informelles où on parle de ce que l'on a fait durant la fin de semaine. La pratique est de les remarquer et d'habituer son oreille à entendre le « oui, mais ». Le gabarit pour compter les « oui, mais » proposé dans le chapitre 5 (voir la section *Ressources*) est un bon moyen d'appuyer cette pratique.

Lorsqu'on commence à reconnaître les « oui, mais », on peut s'exercer à les changer en « oui et ». Les rencontres d'information, de partage de connaissances ou de type informel à la machine à café sont de bons moments pour commencer, car ils sont sécurisants. Il est plus facile de se rappeler d'utiliser le « oui et ». Une fois que le « oui et » est exprimé naturellement dans les conversations informelles, on peut les intégrer aisément dans des conversations formelles comme une rencontre d'équipe.

Plus on le pratique quotidiennement, plus le « oui et » devient naturel.

Un signe qui indique que le « oui et » devient plus facile est quand le « oui, mais » des autres devient agaçant. On doit résister à l'envie de corriger les collègues sur-le-champ. Mieux vaut rester concentrer sur sa pratique pour éviter de faire diverger la rencontre en expliquant pourquoi il faut dire « oui et ».

Un autre truc est d'en parler d'abord à des collègues qui sont proches de soi et avec lesquels on a déjà une bonne communication. Ensemble, les « oui et » auront un effet d'entraînement sur les autres.

Dire non est une tactique qui s'applique et se pratique de la même manière que de *Cesser de dire « oui, mais »*. Il faudra quelques semaines, voire quelques mois pour s'habituer à ces deux tactiques. Le « oui, mais » est ancré dans notre langage et il est normal de ne pas réussir dès les premiers jours.

Les tactiques comme *Travailler en paire* et *Ranger le dictionnaire* demandent un peu plus de planification.

Travailler en paire se fait en planifiant à l'agenda du

temps de travail commun avec un collègue ou le héros. Il est préférable de le faire de cette façon plutôt que de le proposer soudainement. S'il s'agit d'une tactique nouvelle pour soi-même ou le collègue, mieux vaut privilégier le travail en paire sur une courte durée. Personnellement, je préfère planifier entre 45 et 90 minutes. Il est difficile d'avoir le temps de s'installer dans une bonne dynamique de duo et d'être productif en moins de 45 minutes. Réserver 90 minutes est utile pour les tâches plus longues, mais la fatigue peut s'installer au-delà de ce temps. Il est aussi plus facile de planifier une session courte plutôt qu'aucune, surtout si les agendas sont remplis.

Pour ranger le dictionnaire, il faut surtout faire un travail de réflexion avant d'aller parler au héros. L'objectif est d'éviter de se précipiter vers lui avec une question. Il est préférable d'avoir à portée de main les trois questions à se poser pour y réfléchir :

1. Qu'est-ce que j'ai essayé jusqu'à maintenant ?
2. Qu'est-ce que je comprends de la situation ?
3. Qu'est-ce que je vais essayer ensuite ?

Ayez-les sur un *Post-it*, sur votre téléphone ou dans votre cahier de notes afin qu'elles soient accessibles facilement. Si répondre mentalement aux questions est compliqué, rien n'empêche d'écrire les réponses avant d'aller voir le héros. Cette réflexion est seulement pour vous et non une façon d'éviter la conversation avec le héros en envoyant un courriel avec les questions et réponses. L'objectif est d'améliorer la communication et de développer une meilleure relation de travail avec le héros, pas de couper les ponts avec lui.

• • •

Les deux dernières tactiques s'appliquent de manière asynchrone. *Interrompre le héros* et *Arrêter de se justifier* seront utiles de temps en temps. Elles ne se planifient pas et doivent être utilisées lorsque l'occasion se présente.

On reconnaît souvent l'utilité de ces deux tactiques une fois qu'il est trop tard, par exemple après une rencontre où le héros a fait un long exposé. On réalise alors qu'on aurait eu intérêt à l'interrompre plutôt qu'à le laisser parler aussi longtemps.

Voici un rappel de quelques trucs introduits dans le chapitre 5 pour interrompre le héros :

- Interrompre le héros lorsqu'il reprend son souffle.
- Lever la main.
- Se rapprocher physiquement.
- Éviter de parler plus fort ou de crier.
- Déléguer le rôle de facilitateur dans la rencontre pour gérer le droit de parole.

En repensant à une conversation où on s'est justifié, il faut se dire qu'on va faire mieux la prochaine fois avec ces trucs :

- Éviter les envois massifs de courriels avec tout le monde en copie conforme.
- Attendre qu'on demande des explications avant de les donner.
- Garder une réponse la plus courte possible.

Les tactiques pour l'entourage immédiat améliorent non seulement la collaboration avec le héros, mais aussi avec tous les autres collègues. Elles ont le potentiel de devenir les

nouvelles bonnes pratiques de communication et de collaboration au travail.

Pour l'entreprise

Les tactiques pour l'entreprise s'utilisent graduellement.
Elles ne sont pas faites pour être adoptées dans toute l'entreprise de façon instantanée. Un tel changement radical cause-
rait plus de résistance de la part des travailleurs.

Les étapes pour un changement à grande échelle sont
expliquées dans le chapitre 10. Pour commencer, il est préférable de se concentrer sur une équipe ou un secteur de l'entreprise qui est ouvert à améliorer ses façons de faire sans
avoir à entreprendre une démarche d'envergure.

La tactique la plus importante à prioriser dans ce cas-ci
est celle d'*Encourager l'amélioration continue* telle que décrite
au chapitre 6. Non seulement cette tactique est possiblement
déjà en place, mais elle sert à introduire toutes les autres
tactiques. Prioriser du temps d'amélioration continue
permet aux membres de l'entreprise de redéfinir les façons
de faire, une étape à la fois.

Souvent, le principal enjeu concerne le temps nécessaire
à investir pour changer les façons de faire. Si prioriser du
temps pour l'amélioration continue est un enjeu dans votre
milieu de travail, il est plus facile de miser sur de petites
initiatives d'amélioration de quelques heures. De plus, on
doit communiquer les résultats et les apprentissages obtenus
grâce aux initiatives d'amélioration. L'objectif est de vouloir
donner le feu vert à d'autres interventions jusqu'à ce que
l'amélioration continue soit une pratique courante.

Dans le cas où l'amélioration continue est déjà une
pratique courante, les autres tactiques sont alors plus

simples à intégrer. Voici quelques propositions d'améliorations avec les autres tactiques afin de les intégrer doucement :

Planifier la mise en action de la [nom de la tactique]

1. Introduire une première action pour commencer à utiliser cette tactique.
2. Mettre en œuvre une autre action pour aller un peu plus loin dans l'application de la tactique.

Réduire le mode multitâche à grande échelle

1. Rendre visible le nombre de tâches simultanées de chaque membre d'une équipe afin de la sensibiliser. Ceci inclut les tâches en cours, en attente ou bloquées.
2. Décider en équipe d'un nombre maximum de tâches qu'un membre peut avoir en même temps. Cette approche évite au héros de tout prendre en même temps.

Passer d'une planification individuelle à une planification collective

1. Donner une liste de tâches priorisées au héros au lieu de planifier son travail. Il pourra fournir lui-même ce qu'il est en mesure d'accomplir dans la semaine, par exemple.
2. Faire les estimations en équipe plutôt que par le héros. En le faisant en équipe, l'estimation sera plus réaliste pour toute l'équipe et non juste pour le héros.

Diversifier les compétences

1. Planifier du temps de travail en paire comme décrit dans la section *Pour l'entourage immédiat du héros* de ce chapitre.

2. Remplir une matrice de compétences telle que décrite dans le chapitre 6 à la section *3. Diversifier les compétences*. Cette matrice aidera l'équipe, ou même plusieurs équipes qui travaillent ensemble, à adresser les enjeux de spécialisation.

Laisser partir le héros

1. Lorsqu'un héros quitte son poste, avoir une discussion en équipe sur le meilleur moyen pour résoudre les problèmes liés à son départ. L'objectif est de résister au réflexe de le remplacer automatiquement sans en parler avant.

2. Utiliser la matrice de compétences pour identifier les compétences manquantes dans l'équipe à la suite du départ du héros. Déterminer le meilleur moyen pour développer chaque compétence à même l'équipe, puis trouver un remplaçant uniquement pour les compétences qu'elle n'est pas en mesure de développer elle-même.

Limiter les heures supplémentaires

1. Éviter de planifier 100 % du temps disponible. En en planifiant autour de 80 %, il est plus facile de s'adapter aux imprévus. Pour combler le temps

restant, l'équipe doit avoir une liste de priorités à portée de main.

2. Couper les notifications des applications de l'entreprise en dehors des heures normales de bureau. Chacun peut les désactiver directement sur son cellulaire pour une période déterminée.

Rendre transparentes les communications internes

1. Établir une routine hebdomadaire pour partager en équipe les nouvelles du moment et recueillir les questions. Une courte rencontre de 15 à 30 minutes est un bon départ et ne devrait pas trop déranger les agendas.
2. À cette même rencontre hebdomadaire, inviter le collègue qui est le mieux placé dans l'entreprise pour donner les nouvelles du moment.

Pour le héros

Toutes les tactiques vues dans le chapitre 7 peuvent s'utiliser, avec quelques nuances, du point de vue du héros. L'approche proposée consistant à sélectionner une tactique et à la mettre en pratique pendant une semaine demeure la meilleure approche. Elle aidera à freiner les effets négatifs des héros tels qu'être la seule source d'information, être indisponible ou être surspécialisé.

Le héros a surtout besoin de diminuer la dépendance que ses collègues et l'entreprise ont à ses services. Les tactiques du chapitre 7 sont axées sur ce point, mais leur application diffère selon la posture adoptée par le héros. Chaque posture (persécuteur, sauveur, victime) comporte des tactiques à privilégier pour commencer. Une fois les premières tactiques maîtrisées, les autres peuvent être intégrées une à la fois, sans ordre précis.

Héros persécuteur

Cesser de dire « oui, mais » est la tactique à privilégier, car c'est ce qui repousse le plus les idées des autres collègues. En les transformant en « oui et », le héros persécuteur est plus facile d'approche. Utilisez les trucs décrits dans la section *Pour l'entourage immédiat du héros* de ce chapitre pour transformer les « oui, mais » en « oui et ».

Une deuxième tactique à intégrer dès le début est de *Réduire le mode multitâche.* Cette tactique permet de diminuer l'effet d'entonnoir où le nombre de tâches demandant l'attention du héros est plus grand que sa capacité à les réaliser.

Une autre technique qui s'utilise rapidement est la technique Pomodoro développée par Francesco Cirillo (s. d.). L'objectif de la technique est de maximiser la concentration et de limiter les interruptions afin de profiter pleinement du temps disponible. Chaque « pomodoro » est constitué d'un temps de travail et d'un temps de pause. En évitant les longues sessions de travail, on évite la fatigue mentale et on minimise les chances de se faire interrompre par un collègue. Voici les 5 étapes de la technique Pomodoro :

1. Choisissez une tâche.
2. Réglez une minuterie de 25 minutes.
3. Travaillez sur la tâche jusqu'à ce que le temps soit écoulé.
4. Faites une courte pause de 5 minutes.

5. Tous les quatre « pomodoros », faites une pause plus longue.

Cesser de dire « oui, mais » et *Réduire le mode multitâche* aideront rapidement le héros persécuteur à changer positivement la dynamique avec ses collègues.

Héros sauveur

Ranger le dictionnaire est la tactique qui a un impact immédiat sur la dépendance aux connaissances du héros. Cette tactique aide à limiter les questions générales telles qu'« il n'y a rien qui fonctionne » et force les collègues à développer leur compétence en résolution de problème. Le héros devient moins indispensable et les collègues sont moins au dépourvu lorsqu'il n'est pas disponible. Il suffit de guider les collègues à l'aide de ces 3 questions en suivant le même ordre :

1. Qu'est-ce que tu as essayé jusqu'à maintenant ?
2. Qu'est-ce que tu comprends de la situation ?
3. Qu'est-ce que tu vas essayer ensuite ?

Travailler en paire est une autre bonne tactique à commencer dès le début. Non seulement cette tactique évite qu'une seule personne se retrouve à effectuer le travail, mais elle permet aussi de diversifier les compétences du collègue avec qui le héros fait équipe. Le collègue devient alors l'apprenant et son apprentissage est maximisé en participant directement à la tâche. Le héros peut prévoir de courtes périodes de travail en paire quand il sait qu'il travaillera sur une tâche dont il est le seul à avoir l'expertise. Il peut aussi simplement demander de manière informelle : « Est-ce que quelqu'un de l'équipe est disponible pour travailler avec moi sur cette tâche ? »

Avec les tactiques *Ranger le dictionnaire* et *Travailler en paire*, le héros sauveur réduit la dépendance à ses services en aidant ses collègues à développer leurs propres compétences.

Héros victime

L'essentiel pour le héros victime est de minimiser le réflexe de se victimiser. Une bonne tactique à utiliser pour commencer est *Arrêter de se justifier*. La justification commence lorsque le héros tente de convaincre son collègue qu'il a raison ou lorsqu'il cherche à se protéger. Au lieu de se justifier, le héros doit :

- Expliquer la situation avec des faits.
- Utiliser des réponses courtes.
- Attendre qu'on lui demande d'expliquer plutôt que de le faire automatiquement.

Une deuxième tactique à intégrer dès le départ est *Encourager l'amélioration continue*. Le héros victime est souvent dans cette posture parce qu'une situation complexifie son travail sans qu'il arrive à l'améliorer. Il cherche à concentrer ses efforts pour corriger ce qui le dérange. Même s'il est difficile d'améliorer une situation complexe, chaque petite amélioration en vaut la peine. L'objectif est de commencer à faire de l'amélioration en continu pour qu'elle devienne une pratique régulière. De cette façon, le héros victime s'implique dans le changement au lieu qu'un héros sauveur le fasse à sa place.

1. Planifier l'amélioration en sélectionnant un sujet qui a besoin d'être amélioré et en établissant une ou deux actions concrètes. Une bonne façon d'y parvenir est de faciliter un atelier de type rétrospective comme recommandé dans le livre *Agile Retrospectives: Making Good Teams Great (Pragmatic Programmers)* écrit par Esther Derby et Diana Larsen (2006).

2. Réaliser les actions planifiées, de préférence avec des collègues.

3. Observer et vérifier les résultats pour s'assurer que les actions ont donné les résultats attendus.

4. Décider quoi faire pour la suite en continuant avec d'autres actions ou en arrêtant. Communiquer les résultats aux collègues fait partie de cette étape aussi.

Ce qui freine surtout le héros victime à faire de l'amélioration continue est qu'il a l'impression que « rien ne va vraiment changer ». Cette impression est due à la complexité du problème qu'il tente de régler et au fait qu'il n'a pas le contrôle de changer tous les paramètres nécessaires. Il faut découper les initiatives d'amélioration en petites actions et se concentrer d'abord sur les éléments dont on a le contrôle. L'objectif est d'y aller pas à pas.

Arrêter de se justifier et *Encourager l'amélioration continue* sont deux tactiques qui se complètent bien et qui aident le héros victime dans son quotidien à minimiser son réflexe de victimisation.

. . .

Les premières tactiques sont les plus difficiles à utiliser. Lorsqu'elles sont pratiquées régulièrement, elles demandent moins d'efforts chaque fois. L'important est d'être résilient et de continuer. En cas de doute, référez-vous à vos réponses du chapitre 4 et tout particulièrement à la question : « Pourquoi est-ce que je veux changer l'attitude héroïque autour de moi ou chez moi ? »

Le prochain chapitre explique de nouvelles postures qui viennent remplacer celles du persécuteur, du sauveur et de la victime. Ensemble, elles permettent de créer une nouvelle culture qui ne dépend pas des héros.

9
RÉINVENTER L'ATTITUDE HÉROÏQUE

«Peu importe notre titre, l'objectif est de régler le problème du client.»

— *Un collègue*

JE ME SOUVIENS de ce moment fort où nous étions trois collègues provenant d'entreprises compétitrices qui se partageaient le même client. Il y avait un problème qui demandait l'apport de nos différentes compétences. Nous avons mis de côté les titres et nos allégeances d'entreprise pour nous concentrer sur un objectif commun. Chacun de nous aurait pu être un héros persécuteur ou être un héros sauveur à vouloir être meilleur que l'autre, ou même user de la posture du héros victime pour accuser les autres que c'était leur problème.

Nous avons adopté des postures qui sont collaboratrices et positives face à un problème commun, sans chercher à nous concurrencer. J'étais fier de les appeler mes collègues, même si nous étions dans des entreprises différentes.

Ce chapitre aborde de nouveaux concepts pour

comprendre l'attitude qu'il est possible de développer au-delà de celle du héros. Cette nouvelle attitude dépend de son approche face aux problèmes qui surviennent et de l'étape de vie de l'entreprise. Trois nouvelles postures sont alors disponibles pour remplacer celles du héros persécuteur, du héros sauveur et du héros victime. Ces nouvelles postures sont décrites sommairement dans ce chapitre pour donner un aperçu de la transformation possible de nos héros. Elles seront abordées plus en détail dans un prochain ouvrage.

Changer de perspective face aux problèmes

Avant de passer aux nouvelles postures, il y a un aspect crucial à expliquer en lien avec la manière dont les problèmes sont perçus par le héros.

On entend souvent le héros se plaindre en disant « pourquoi ça m'arrive encore à moi ? », « je suis toujours malchanceuse », « il n'y a qu'à moi que ça arrive ». Le héros voit les problèmes comme quelque chose qui lui *tombe dessus*, comme s'il avait toujours l'impression que quelque chose allait mal tourner et qu'il en est la cible. Le héros voit les problèmes et les obstacles comme des menaces.

Le héros craint que ces menaces deviennent réalité et il passe en mode réactif. Aussitôt qu'il reprend son souffle, le cycle se reproduit au prochain problème.

Le héros a une réaction défensive et développe une aversion aux changements. Même s'il est possible d'améliorer la situation, son réflexe est de résister par peur de causer un problème. Mes gestionnaires me disaient souvent cette phrase lorsque je proposais une amélioration : « On verra quand ça ne fonctionnera plus. Pour l'instant, ne touche pas à ça. »

Le changement de perspective survient lorsque les problèmes et les obstacles deviennent des occasions de participer, de faire une différence, plutôt que des situations dont on doit se débarrasser.

Ces opportunités, bien qu'elles soient imprévisibles, sont des moments pour apprendre et pour collaborer avec ses collègues. Au lieu de se défendre, le héros est curieux de la situation qui survient. Il pose des questions pour comprendre et trouver des solutions. Le héros cesse d'être en mode réactif et passe en mode créatif face aux nouvelles situations. William A. Adams et Robert J. Anderson (2016) introduisent ce concept de changement de perspective dans leur livre *Mastering Leadership: An Integrated Framework for Breakthrough Performance and Extraordinary Business Results* comme étant une pierre angulaire dans la transformation du style de leadership.

Figure 9.1 — Changer la perspective face aux problèmes

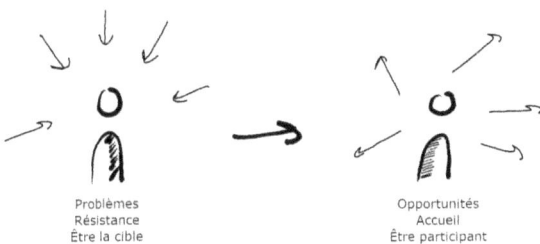

Problèmes
Résistance
Être la cible

Opportunités
Accueil
Être participant

Ce changement de perspective est essentiel dans la transformation du héros parce qu'il cesse de résister au fait qu'il y aura immanquablement des problèmes qui vont survenir. En cessant de résister, le héros accueille les situations telles qu'elles sont au moment où elles se présentent, ce qui lui permet de développer les trois nouvelles postures qui suivent.

La dynamique *Challenger* — *Coach* — Créateur

Les trois postures du triangle de Karpman (persécuteur, sauveur, victime) qui ont été utilisées pour expliquer l'attitude héroïque peuvent se transformer en de nouvelles postures plus créatrices. David Emerald (2013) les présente dans son livre *The Power of TED* (*The Empowerment Dynamic)* comme un nouveau triangle dynamique où chaque ancienne posture trouve son équivalent dans une dynamique positive. Ces postures servent alors à créer une culture d'entreprise où les effets négatifs du phénomène des héros expliqués dans les chapitres 2 et 3 sont grandement minimisés.

Figure 9.2 — Postures réactives à créatives

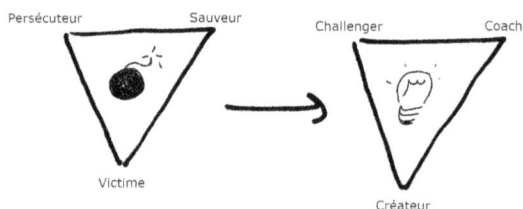

Les prochaines sections décrivent les nouvelles postures de *challenger*, de *coach* et de créateur ainsi que la différence avec les trois précédentes (persécuteur, sauveur, victime). Ces nouvelles postures viennent avec de nouveaux réflexes qui sont supportés par les tactiques des chapitres 5 à 7.

Lorsque le héros maîtrise ces nouvelles postures, il est à même de surpasser le besoin d'être un héros à plein temps. En fait, l'étiquette de *héros* ne s'applique pas à ces nouvelles postures. Ce sont des postures que le héros peut adopter comme nouveau rôle, et qui peuvent marquer un tournant dans son attitude, comme décrit dans le guide *The 4 Ways of Leading* (s. d.) publié par The Conscious Leadership Group. À noter que ces nouvelles postures ne sont pas réservées uniquement aux héros. Il est fortement encouragé de les développer au sein de tous les membres de l'entreprise. Il n'est pas nécessaire de développer toutes ces postures en même temps. Elles sont des inspirations pour transformer une attitude réactive en une attitude créative, une posture à la fois. Toutefois, en tant que héros, il est préférable de développer en premier la posture créative qui correspond à celle qui vous définit le plus. Par exemple, un héros sauveur devrait se concentrer en premier sur une posture de coach avant de s'inspirer des autres.

De héros persécuteur à *challenger*

Au lieu de critiquer, le *challenger* a une attitude encourageante et il crée des liens forts avec ses collègues. Il est audacieux et il n'hésite pas à dire ce qu'il pense ou à poser les questions que personne ne pose. Le *challenger* est un visionnaire capable de garder une vision claire et de la défendre malgré l'adversité. Il est à même d'expliquer cette vision et ses collègues vont suivre son leadership de façon volontaire.

Un jour, ma cliente m'a dit : « Tu dois *coacher* cet expert, car les autres employés ne supportent plus de travailler avec lui et je n'ai pas le choix de le garder dans l'équipe. » Je ne savais pas trop comment aborder cet accompagnement professionnel, car l'expert en question était un héros persécuteur et il n'avait pas envie de recevoir mon aide. Au lieu de tenter de *changer* cet expert, j'ai adopté une approche où je lui ai demandé de l'aide pour être *challenger*. À force de demander son avis, ses conseils et de l'inclure dans mes travaux d'accompagnement, l'expert a développé sa posture de *challenger* qu'il a ensuite appliquée dans son propre travail. Peu de temps après, les employés étaient bien à l'aise de collaborer avec l'expert sur d'autres sujets.

Le *challenger* a la capacité d'inspirer les autres autour de lui. Il est le genre de mentor que les employés veulent avoir puisqu'il dédie son temps à faire grandir les autres. Ses collègues s'organisent pour délibérément travailler avec le *challenger*, car ils savent que ce sera transformateur. Le *challenger* n'hésite pas à transmettre ses connaissances. Ses collègues lui disent des phrases telles que : « Je veux absolument travailler avec toi. J'ai demandé à être assigné sur le même projet que toi. »

Sa présence dans les rencontres d'équipe est appréciée et on cherche à l'inviter pour qu'il apporte des idées nouvelles. Dans une équipe, le *challenger* supporte ses collègues et sa résilience face aux problèmes est contagieuse. Lorsqu'il donne son avis, ses commentaires sont constructifs et au service des objectifs à atteindre. Le *challenger* est pleinement investi dans son travail et provoque des changements.

Le *challenger* accueille les erreurs puisqu'il y voit des possibilités d'apprentissage. Il va même jusqu'à provoquer des erreurs pour promouvoir l'apprentissage plus rapidement. Pour lui, être fiable est la capacité à se relever chaque fois qu'il fait un faux pas et à ne jamais abandonner. Il ne perd pas de temps à essayer de prévoir tous les scénarios catastrophes. Il sait que tout n'ira pas comme prévu et il mise sur sa résilience.

Tableau 9.1 — Caractéristiques du héros persécuteur versus *challenger*

Héros persécuteur	*Challenger*
Impose sa vision	Inspire
Se sent tout permis	Encourage
Se réserve du travail	Agit comme mentor
Prend la place des autres	Fait preuve de résilience
Empêche les autres de prendre leur place	Rassure
Résiste au changement	Est un leader
Évite les échecs	Apporte des idées novatrices
Accepte peu d'aide	Favorise l'apprentissage
Infirme les décisions / Impose son veto	Incite à travailler avec lui
Perturbe/Court-circuite	Fait parler de lui en bien
Blâme/Accuse	
Fait parler de lui plus souvent en mal qu'en bien	

De héros sauveur à *coach*

Coach est la posture qui fait grandir les autres autour de lui. Le *coach* a la capacité de voir le meilleur chez un collègue et de le supporter dans son apprentissage. Son sens de l'écoute et de la curiosité fait de lui une personne fiable à qui il est facile de se confier en toute confiance.

Un client m'a approché avec la demande suivante : « Je suis fatigué d'être le sauveur, mais je ne sais plus à quoi je sers sinon. » Ce n'est qu'après plusieurs conversations que ce client a trouvé un équilibre entre être l'expert dont l'entreprise a besoin et éviter que les équipes de travail dépendent constamment de ses connaissances. Au lieu d'être au centre de toutes les conversations, il s'est assuré que ses collègues aient les connaissances nécessaires et il a délégué autant de tâches que possible pour rester au service des équipes. Il a adopté la posture de *coach* plus souvent que celle de l'expert.

Les conseils du *coach* sont toujours les bienvenus, car il n'imposera pas son avis même s'il connaît la réponse aux problèmes. Il partage ses expériences pour apporter sa perspective sans effacer celle des autres. En fait, il a une facilité à inviter le point de vue de ses collègues et à s'assurer que toutes les voix ont été entendues. Il sait se rendre disponible et être là où il aura le meilleur impact.

Lorsque vient le temps de travailler avec ses collègues, le *coach* leur laisse beaucoup de place. Il fait preuve de patience pour expliquer les choses et répéter autant de fois que nécessaire. Son objectif est de s'assurer que ses collègues sont autonomes dans leur travail et qu'ils ne dépendent pas de lui. Le *coach* apprécie voir ses collègues réussir et mise sur des réussites d'équipe plutôt qu'individuelles.

Les questions sont les meilleurs outils du *coach*. Il préfère poser des questions pour provoquer la réflexion et amener ses collègues à trouver les réponses par eux-mêmes. Il ne le fait pas pour éviter de répondre ou se débarrasser de ses collègues, mais bien pour forcer un apprentissage durable en laissant ces derniers accomplir les actions.

Lorsque les urgences surviennent, le *coach* ne panique pas et accueille la situation calmement. Il aide ses collègues à découper l'urgence en petites étapes claires et il les guide à chacune d'elles. L'inconnu et l'imprévisible ne sont pas une source de stress pour le *coach*, et il est à l'aise même s'il ne connaît pas toutes les étapes d'un plan avant de se lancer.

Tableau 9.2 — Caractéristiques du héros sauveur versus *coach*

Héros sauveur	*Coach*
Provoque une dépendance en ses compétences	Écoute activement
Cherche le mérite et la visibilité	Est curieux
Impose sa présence	Fait preuve d'humilité
Est toujours prêt avant les autres	Fait grandir les autres
Garde les connaissances pour lui	Est inclusif
Profite d'une protection contre les erreurs	Inspire la confiance
Est indispensable dans trop de projets en même temps	Rassure
Est rarement disponible lorsque nécessaire	Accompagne
	Conseille
	Guide

De héros victime à créateur

Le créateur est une force positive qui apporte des solutions aux problèmes plutôt que de les critiquer. Il a généralement des idées qu'aucun de ses collègues n'a considérées avant. Ses collègues diront : « Une chance que tu es là ! » On n'aurait jamais pensé à faire ça comme ça!» Cette nouvelle posture mise sur l'innovation, l'amélioration continue et le changement.

Un des membres d'une équipe que j'accompagnais avait la fâcheuse habitude de critiquer les efforts en chuchotant durant les rencontres d'équipe à un autre collègue avec des phrases telles que : «Ça ne donne rien. Ça ne marchera pas si on fait ça comme ça. J'ai déjà vu mieux comme façon de faire ailleurs.» Il quittait les rencontres sans exprimer ses idées. Au lieu de le voir comme quelqu'un qui ne faisait que se plaindre, j'ai réalisé qu'il exprimait rarement ses idées à toute l'équipe. Je l'ai donc encouragé en pleine rencontre à le faire. J'ai mis l'accent sur ce qu'il voulait proposer comme idées d'amélioration et non sur ses critiques. Après quelques rencontres à être écouté, il n'a plus hésité à proposer ses idées et il est devenu une source pour améliorer les façons de faire de l'équipe.

Travailler avec un créateur amène une joie au travail, car il n'y a rien à son épreuve. Même les problèmes les plus complexes ne semblent pas le décourager. Il apporte souvent de multiples options pour régler un problème, et il est prêt à les tester et à faire participer ses collègues dans le processus. Le créateur possède plusieurs outils à sa disposition pour être collaboratif. Ses collègues viennent vers le créateur pour lui demander quel outil serait le meilleur pour adresser des situations qu'ils ne connaissent pas.

Le créateur est prêt à aider quand on le lui demande, car il est pleinement engagé, peu importe le rôle qu'il occupe dans l'entreprise. Son impact positif est encore meilleur lorsqu'il peut participer à toutes les étapes de réalisation d'un changement, de l'idée à sa mise en fonction.

Grand communicateur, il n'hésite pas à partager l'information qu'il a avec ses collègues. Sa vision d'un problème est très terre-à-terre, ce qui lui permet d'inclure les pours et les contres sans avoir des idées préconçues.

Tableau 9.3 — Caractéristiques du héros victime versus créateur

Héros victime	Créateur
A de la difficulté à dire non	Communique facilement
Se plaint	Amène des idées innovantes
Critique sans amener de solutions	Soutient l'amélioration continue
Met la faute sur les autres	Est positif
Est coincé dans son rôle	Fait preuve d'engagement
Est pessimiste	Perçoit les problèmes comme des défis
Se victimise	Fait avancer les initiatives
Contribue aux rumeurs	Est débrouillard
Accapare l'attention	

Les nouvelles postures créatives de *challenger*, *coach* et créateur sont accessibles à tous les membres de l'entreprise. Il n'est pas nécessaire de développer les postures réactives de persécuteur, sauveur et victime avant de s'en inspirer. En fait, mieux vaut miser dès maintenant sur les postures créatives dans son milieu de travail avant que l'ensemble des effets négatifs des postures réactives ne s'installent.

Le survol des postures *challenger*, *coach* et créateur aide à visualiser ce que le héros peut devenir en changeant son attitude. Toutefois, les développer demande un investissement personnel et un support clair de l'entreprise dans le développement de ses employés. Ce sujet sera abordé dans un futur ouvrage en lien avec la transformation de la culture des héros. Toutefois, la lecture du livre de David Emerald, *The Power of TED* (*The Empowerment Dynamic*), est un bon point de départ pour ceux qui veulent en apprendre plus dès maintenant.

Un exemple de mise en application des postures *challenger-coach*-créateur

J'occupais un rôle qui faisait le lien entre l'équipe de réalisation et les demandeurs. J'étais une sorte d'analyste qui s'occupait de clarifier les besoins des clients et de les transmettre à l'équipe. Lorsque l'équipe avait terminé le travail, je m'assurais que le client était satisfait du travail de l'équipe et que ses besoins étaient comblés. Les étapes étaient simples, mais les appliquer était plus complexe. Un problème majeur survenait souvent : le client n'était pas satisfait et ses besoins n'étaient pas comblés.

Le premier réflexe aurait été de mettre la faute sur l'équipe, mais ce n'était pas le cas. Les membres de l'équipe étaient des professionnels et la qualité de leur travail n'était pas en cause. L'autre réflexe aurait été de dire que c'était la faute du client qui ne demandait pas les bonnes choses. Pourtant, c'était mon travail et je passais beaucoup de temps à recueillir les besoins et à les transmettre à l'équipe. Est-ce que c'était moi le problème finalement ?

C'est à ce moment que le changement de perspective s'est opéré.

Avec mon attitude de héros persécuteur-sauveur-victime, j'aurais sauté sur l'occasion de mettre la faute sur l'équipe et sur le client, puis de me défendre en affirmant que je ne pouvais rien y faire. Au lieu de ça, j'ai utilisé les postures de *challenger-coach*-créateur pour trouver le vrai pourquoi, tester une solution et la déployer pour en faire la nouvelle bonne pratique de l'équipe.

En investiguant, j'ai découvert que la compréhension entre le client, l'équipe et moi-même n'était pas alignée. On n'utilisait pas les mêmes mots pour se comprendre. Chacun interprétait à sa manière ce que l'autre disait, et c'est ce qui a entraîné un mauvais résultat à la fin.

J'ai utilisé une technique nommée « développement piloté par les tests d'acceptation », mieux connue en anglais sous l'acronyme ATDD, que j'ai connue par le livre de Ken Pugh (2010) : *Lean-Agile Acceptance Test-Driven-Development (Net Objectives Lean-Agile Series)* pour changer notre manière de communiquer. Je me suis assuré de l'utiliser de la prise de besoin jusqu'à la livraison finale. Le résultat a été aussitôt positif : il n'y avait plus d'insatisfaction de la part du client. De plus, il n'y avait plus d'accusations ni de temps investi à trouver à qui appartenait la faute. Lorsqu'un problème ou une erreur se produisait, il suffisait de clarifier la situation ensemble.

L'équipe entière a éventuellement adopté la technique et d'autres équipes connexes à la mienne s'en sont inspirées. J'en ai même fait une conférence dans un évènement public à l'époque. La clé de ce changement positif réside dans ma façon de faire face aux problèmes et aux obstacles en étant créative plutôt que réactive.

Les postures réactives et créatives en mouvement

Dans le chapitre 2, à la section *Quelles sont les conditions pour être un héros ?*, les conditions pour être un héros ont été exposées avec dix comportements à surveiller. On a aussi vu que la différence entre être un héros ou ne pas l'être est justement liée à la présence constante de ces comportements dans le quotidien.

Avec les nouvelles postures créatives (*challenger, coach* et créateur), ces comportements sont beaucoup moins présents. Toutefois, il faut rester vigilant, car les vieilles habitudes réactives (persécuteur, sauveur et victime) ont tendance à revenir si on les oublie. Lorsqu'un comportement réactif devient de plus en plus présent au quotidien, il faut insister sur son comportement créatif équivalent.

Voici un tableau comparatif des comportements réactifs et créatifs :

Tableau 9.4 — Comportements réactifs versus comportements créatifs

Comportement réactif	Comportement créatif
Travailler seul	Travailler en équipe (ou au moins en duo)
Garder l'information pour soi	Partager l'information avec ses collègues
Ne pas prendre de vacances	Prendre du temps de repos
Travailler en dehors des heures de travail	Travailler durant les heures normales de bureau
Se rendre indispensable	Diversifier les compétences des membres de l'équipe
Être la seule personne qui peut régler un problème	Impliquer l'équipe dans la résolution de problème
Endurer ses malheurs	Parler de ses difficultés et miser sur l'amélioration continue
Penser que personne ne peut comprendre ce qu'on fait	Prendre le temps nécessaire pour expliquer à ses collègues
Obtenir le plus de mérite individuel possible	Avoir des succès en équipe

Bien que les comportements créatifs soient à privilégier, les comportements réactifs ne sont pas complètement inadéquats. L'important est de les reconnaître et de ne pas s'y accrocher.

Les postures réactives (persécuteur, sauveur, victime) et créatives (*challenger*, *coach*, créateur) sont donc toujours présentes, peu importe les circonstances. Les membres d'une entreprise passent de l'une à l'autre en fonction des situations, des problèmes ou des projets.

Une raison qui provoque ce mouvement entre les postures créatives et réactives est la présence du VUCA (« Volatility, uncertainty, complexity and ambiguity », s. d.) qui force les entreprises et les employés à s'adapter. Selon la théorie du leadership de Warren Bennis et Burt Nanus, le VUCA contient quatre éléments à considérer :

- La volatilité : tout ce qui change rapidement, qui est éphémère.
- L'incertitude (*uncertainty* en anglais) : l'inconnu et l'imprévisible.
- La complexité : les technologies, les humains et les situations toujours plus complexes.
- L'ambiguïté : la confusion, la mauvaise compréhension et l'imprécision.

Au fil des années, les technologies se complexifient. Les clients veulent plus de personnalisation, les changements arrivent plus vite que notre capacité à les intégrer, la complexité des travaux que les entreprises réalisent nous empêche de contrôler l'imprévisible et ce qui est vrai aujourd'hui, ne le sera pas nécessairement demain. La pandémie de COVID-19 est un exemple flagrant de VUCA qui a menacé un grand nombre d'entreprises.

La réponse au VUCA diffère d'une entreprise à l'autre, mais la plus fréquente est de recourir aux héros.

Toutefois, être réactif au VUCA n'est pas mauvais, puisqu'il est impossible de savoir précisément quand et sous quelle forme il survient. Par exemple, agir spontanément pour régler une situation problématique permet d'éviter des complications pour l'entreprise. Une fois la situation stabilisée, on peut prendre une posture plus créative pour apprendre et éviter que le même problème demande encore une fois un acte héroïque. Les postures réactives et créatives deviennent alors utiles dans l'entreprise.

Malgré tout, il n'est pas possible d'éviter le VUCA

complètement : il faut l'accueillir. Une entreprise qui cherche à éviter toutes situations liées au VUCA développe uniquement sa réactivité, et donc mise sur une culture des héros pour résister. Grâce aux postures créatives, l'entreprise développe de l'adaptabilité, ce qui permet d'être innovant et d'utiliser l'amélioration continue pour s'ajuster à la nouvelle réalité de l'entreprise.

L'adaptabilité d'une entreprise est un mélange nécessaire de réactivité et de créativité.

Être seulement réactif ou seulement créatif ne permet pas de gérer le VUCA. Il faut aller chercher les avantages de la réactivité et de la créativité. Toutefois, il y a des désavantages inévitables pour les deux. L'important est de les reconnaître et de savoir quand miser sur la bonne approche.

Tableau 9.5 — L'adaptabilité contient de la réactivité et de la créativité

Adaptabilité		
	Réactivité	**Créativité**
Avantages	Rapide	Accueil des changements
	Court terme	Collaboration
	Décisionnel	Long terme
Inconvénients	Surspécialisation	Lent
	Résistance aux changements	Risqué
	Individualisme	Instable

Prenons un exemple pour expliquer la relation entre la réactivité et la créativité, et par quel moyen le mouvement entre les deux est présent et nécessaire pour avoir une meilleure adaptabilité dans l'entreprise.

Imaginons que le héros vient de quitter subitement l'entreprise et que l'équipe est prise au dépourvu avec un projet prioritaire qui doit être fourni au client dans les jours à venir. Bien entendu, le héros était celui qui avait la majorité des connaissances nécessaires à l'exécution du projet et l'équipe ne sait pas quoi faire devant ce problème.

1. On démarre dans les avantages de la réactivité. L'entreprise a besoin d'une solution rapide, car le délai est très serré. La décision pourrait être d'obtenir l'aide d'un autre héros immédiatement et d'éviter de briser l'engagement envers le client.

2. Une fois la situation sous contrôle, l'entreprise doit décider quoi faire pour la suite des opérations avec l'équipe. Si elle choisit de remplacer le héros qui est parti par un autre héros, l'équipe reste en mode réactif en évitant de changer les façons de faire et en misant sur l'expertise d'un seul individu. Les postures réactives (persécuteur, sauveur, victime) vont se développer encore plus et on descend dans les désavantages de la réactivité.

3. L'entreprise aurait intérêt à adopter les postures créatives (*challenger*, *coach*, créateur) pour aller chercher les avantages de la créativité. Il s'agit d'une occasion pour accueillir le changement dans la dynamique de l'équipe et trouver ensemble une meilleure solution comme diversifier les compétences de l'équipe. La solution s'applique sur le long terme et l'équipe évite de revivre la même situation précaire.

4. Cette solution peut devenir longue à mettre en place. Pendant qu'on accroît les compétences de l'équipe, celle-ci devient instable et pourrait vivre des situations complexes qu'elle n'est pas en mesure de gérer (VUCA). Rien n'empêche qu'un autre membre de l'équipe décide de quitter l'entreprise avant que l'équipe ne soit en mesure de stabiliser son fonctionnement, ce qui nous renvoie à la case départ.

Le mouvement entre réactivité et créativité ne se produit pas si l'entreprise veut seulement les avantages de la réactivité et de la créativité sans avoir à subir les inconvénients. Ceux-ci deviennent alors inévitables.

Un employé ne peut pas être créatif sans prendre le temps d'expérimenter de nouvelles idées. L'innovation est un processus qui a une part de risque et qui est rarement rapide. Tout comme un héros ne peut régler un problème critique en quelques minutes sans avoir l'expertise et une grande connaissance en lien avec le sujet. L'équilibre est atteint lorsque l'entreprise reconnaît les avantages et les inconvénients de la réactivité et de la créativité, et que les employés développent la capacité de choisir les bonnes postures en fonction des situations qui surviennent.

Les postures réactives et créatives sont donc utiles dans le quotidien des entreprises. Toutefois, la culture des héros se développe lorsque les postures créatives (*challenger*, *coach*, créateur) sont peu présentes, ou même absentes, dans l'environnement de travail. Développer les postures créatives est le moyen de créer un mouvement entre la réactivité et la créativité pour permettre une meilleure adaptabilité dans l'entreprise.

En résumé

Afin de permettre le développement d'une nouvelle attitude, le héros doit changer sa perspective face aux problèmes et aux obstacles. Au lieu de les voir comme des situations qui lui sont infligées, le héros doit les voir comme des occasions d'apprentissage auxquelles il est en mesure de participer pour créer un changement.

Il existe trois postures créatives pour remplacer celles de persécuteur, de sauveur et de victime.

1. *Challenger* : elle crée le changement et agit comme leader positif.
2. *Coach* : elle fait grandir ses collègues et inspire la confiance
3. Créateur : elle incarne l'innovation et propose des solutions

Le héros passe alors d'un mode réactif à un mode créatif.

Toutefois, le VUCA (volatilité, incertitude [*uncertainty*], complexité, ambiguïté) crée une pression sur les entreprises, ce qui les force à s'adapter. La réactivité et la créativité sont nécessaires pour que les entreprises développent leur adaptabilité en misant sur les avantages des deux modes sans se laisser décourager par les désavantages de chacun.

Briser la culture des héros dans l'entreprise demande du courage et de l'audace. Le dernier chapitre revient sur l'approche de transformation de la culture d'entreprise en intégrant les concepts appris dans les autres chapitres.

10

COMMENT BRISER LA CULTURE DES HÉROS

« L'une des choses les plus difficiles n'est pas de changer la société, mais de se changer soi-même. »

— *Nelson Mandela*

QU'ON SOIT le héros ou non, on ne peut pas attendre que les collègues autour de soi changent. La première étape pour briser la culture des héros est de commencer à changer sa propre attitude. Les tactiques expliquées dans ce livre aident à entreprendre un tel changement afin qu'il se répercute dans toute l'entreprise.

Toutefois, briser la culture des héros d'une entreprise est un processus qui s'effectue de façon graduelle. En tant que facilitateur organisationnel, je guide les entreprises dans trois phases distinctes en facilitant les évènements inclus dans chaque phase et en conseillant les travailleurs dans la transformation de leur culture. Il ne s'agit pas d'implanter une nouvelle culture puisque cette responsabilité relève de l'ensemble des membres de l'entreprise.

Figure 10.1 - Trois phases de transformation pour briser la culture des héros

1. Freiner la culture des héros → 2. Apprendre à travailler avec les héros → 3. Dépasser le besoin des héros

Ce travail est basé sur Prime/OS™, publié libre de droits, Free Cultural Work via la licence CC-BY-SA de Creative Commons. Téléchargez la définition de Prime/OS™ ici : openspaceagility.com/prime/download-prime/.

1. Freiner la culture des héros

La première phase est avant tout une prise de conscience sur les héros. Le phénomène est mis en lumière, les effets négatifs dans l'entreprise sont exposés et de premières actions sont prises pour amorcer un changement de culture.

En utilisant les postures de héros persécuteur, de héros sauveur et de héros victime, on développe un langage commun pour identifier l'attitude héroïque et associer des effets comme avoir une disponibilité compliquée, se surspécialiser ou éviter les erreurs. Les chapitres 2 et 3 jettent les bases pour créer ce langage commun.

Lorsque j'accompagne des clients, j'offre une conférence pour résumer les postures héroïques et expliquer l'ampleur de la culture des héros. Ce moment permet aux participants d'avoir une compréhension commune du sujet. La conversation qui suit la conférence représente le premier pas à effectuer pour freiner la culture des héros. Les participants peuvent faire des liens entre les concepts expliqués et les situations réelles dans leur milieu de travail.

La phase de freinage est aussi le moment où l'entreprise doit se poser la question si elle veut aller plus loin dans le changement de sa culture. L'entreprise doit comprendre les lacunes dans ses façons de faire, comprendre les difficultés vécues par les employés en lien avec les héros déjà en place et comprendre les avantages d'un changement de culture. À cette étape, j'accompagne les leaders de l'entreprise pour bien comprendre leur « pourquoi », qui sert de rappel constant pour les étapes suivantes.

Lorsque le pourquoi est clair, il est temps de lancer la série des deux forums ouverts. Le changement de culture se fait à l'aide de toutes les personnes concernées avec une règle claire de *participation volontaire*. En créant un thème rassembleur et intéressant, les employés ont envie de participer sans se sentir obligés. Le forum ouvert est pour tous les membres de l'entreprise, y compris les leaders.

Tout changement commence par soi-même. Ainsi, une participation volontaire est le meilleur moyen de soutenir cette prémisse.

Souvent, on me demande de réduire le nombre de participants pour économiser du temps, mais ce n'est pas la bonne façon de faire. En limitant les participants, on limite l'impact réel du changement sur la culture en privilégiant un seul groupe d'élus. Sans les autres employés pour vivre l'expérience de changement, l'entreprise devra éventuellement recommencer l'exercice avec eux sans quoi celui-ci ne sera pas durable.

L'organisation et la facilitation des forums ouverts font partie de mon rôle de guide. Cela inclut la préparation, les évènements, la consolidation de l'apprentissage après le

deuxième forum ouvert, et ma disponibilité entre les évènements pour accompagner les employés dans la période d'apprentissage. L'approche n'est pas segmentée : toutes les
étapes forment un tout.

Entre les deux forums ouverts, il y a une période d'apprentissage et d'amélioration basée sur les discussions et les
actions choisies lors du premier forum ouvert. Les tactiques
des chapitres 5, 6 et 7 sont des exemples concrets d'actions
qui peuvent être discutées et sélectionnées durant cette
période.

C'est l'occasion pour les participants de mettre en
pratique ce qu'ils ont décidé de façon collaborative pour
transformer *leur* culture.

La phase 1 se déroule généralement sur une période de
six mois, mais elle peut se prolonger avec d'autres forums
ouverts au besoin. Les deux forums ouverts se situent à
environ trois mois d'intervalle.

Figure 10.2 — Phase 1 : Freiner la culture des héros

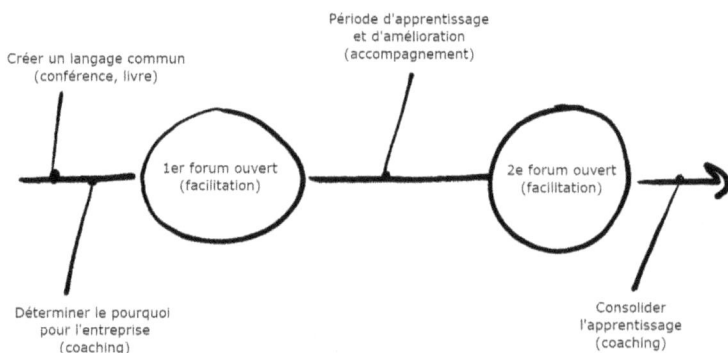

2. Apprendre à travailler avec les héros

Une fois la phase 1 complétée, la phase 2 peut commencer lorsque l'entreprise veut continuer de transformer sa culture pour aller en profondeur dans le changement de ses façons de faire. À la différence de la première phase, le phénomène des héros est connu et certaines améliorations des façons de faire ont été effectuées de même qu'un nombre d'expérimentations avec les tactiques des chapitres 5, 6 et 7.

Pour apprendre à travailler avec les héros, on doit consciemment développer les nouvelles postures de *challenger*, de *coach* et de créateur expliquées dans le chapitre 9. Cette phase est aussi une continuité de l'amélioration des façons de faire et des processus internes de l'entreprise entamés lors de la phase 1.

Les étapes de la phase 2 sont sensiblement les mêmes que celles de la phase 1 avec une série de deux forums ouverts et une période d'apprentissage entre les deux. Les thèmes abordés dans les forums ouverts sont toutefois plus avancés. On cherche à plier et à briser certaines règles dans l'entreprise qui ne soutiennent pas la culture interne voulue. La période d'apprentissage est surtout une série d'amélioration continue, d'innovation et de créativité où les participants sont invités à réécrire les règles de la culture interne.

Les participants sont invités à remettre en question le statu quo et à expérimenter leurs idées issues du forum ouvert. Le *coaching* est axé sur le développement de possibilités de changement sous forme de *brainstorm* (remue-méninge) et d'ateliers d'amélioration. Il y a aussi du mentorat sur les nouvelles postures de *challenger*, de *coach* et de créateur pour que les employés les développent et les mettent en pratique.

Le deuxième forum ouvert vient consolider et partager la
nouvelle culture interne parmi tous les participants. Ces
derniers échangent sur ce qui a fonctionné ou pas et
discutent de prochaines idées à essayer dans les mois qui
suivent.

Chaque six mois, un forum ouvert est organisé, ce qui
fait en sorte que la phase 2 s'échelonne principalement sur
une année. Contrairement à la phase 1, il faut laisser une
plus longue période d'expérimentation et d'apprentissage
entre les forums ouverts, car trouver de meilleures façons de
faire demande plusieurs cycles d'amélioration continue. La
première idée n'est pas nécessairement celle qui est retenue.
Il faut donc itérer plusieurs fois pour trouver la bonne.

Figure 10.3 — Phase 2 : Apprendre à travailler avec les héros

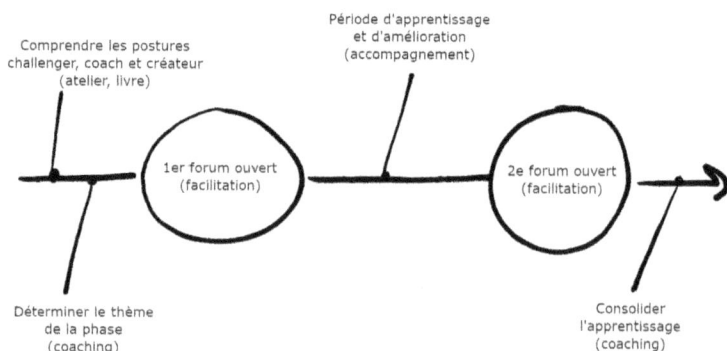

3. Dépasser le besoin des héros

À la troisième phase, l'entreprise a réussi à briser la culture
des héros et a établi une nouvelle culture d'entreprise.
Malgré tout, elle est consciente du besoin d'organiser des

activités en continu pour maintenir la culture et l'améliorer. Sans entretien régulier, la culture des héros risque de revenir.

Comme mentionné au chapitre 9, l'entreprise a développé son adaptabilité à l'aide des postures créatives (*challenger*, *coach*, créateur). Elle a donc acquis une certaine maturité pour savoir quand un forum ouvert est nécessaire.

Les forums ouverts sont organisés chaque fois qu'un besoin d'adresser un thème sur la culture est identifié puisque l'approche est connue. Les thèmes sont plus précis et adaptés aux évènements de vie de l'entreprise. Le VUCA (volatilité, incertitude [*uncertainty*], complexité, ambiguïté) du marché, comme mentionné au chapitre 9, est une bonne source d'inspiration pour initier des forums ouverts.

J'accompagne seulement les étapes d'organisation et de facilitation du forum ouvert dans cette phase. L'entreprise est autonome dans son développement donc l'accompagnement offert à la phase 3 est surtout pour donner des conseils sur ce qui pourrait être entrepris par la suite.

Figure 10.4 — Phase 3 : Dépasser le besoin des héros

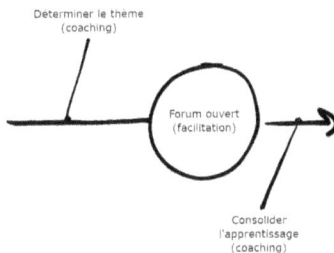

Chaque phase a un objectif clair et il est important de le respecter pour ne pas précipiter la transformation. La période d'apprentissage entre les forums ouverts est cruciale pour permettre aux employés d'absorber les changements et laisser le temps à l'entreprise de trouver un nouvel équilibre. Si les phases s'enchaînent trop rapidement, la culture ne change pas et le pourquoi identifié tout au début de la phase I ne se réalisera pas.

Compléter les trois phases n'est pas une course, mais plutôt comme un passage de grade dans un art martial : il faut maîtriser un grade avant de l'obtenir tout en prenant le temps nécessaire. C'est une discipline.

Créer des liens en racontant son histoire

« Je suis d'accord avec l'idée des héros, mais ça ne changera jamais ici. »

— *Ma première cliente sur la culture des héros*

Je me souviens de ce moment où j'ai présenté les premières lignes au sujet de la culture des héros. Ma cliente n'avait pas voulu s'engager à changer la culture en place. Le sujet était trop dérangeant et elle ne voyait pas comment aborder ce sujet dans l'entreprise.

Je devais d'abord créer un intérêt autour de moi et non chercher à obtenir l'approbation de ma cliente dès le départ.

Commencer par en parler autour de soi dans l'environnement de travail permet de trouver des alliés. Les collègues qui vivent des situations similaires ou qui remarquent des problématiques reliées aux héros dans l'entreprise sont les premiers participants dans un changement de culture.

Raconter l'histoire de ce qui se passe actuellement dans

l'entreprise suscite l'intérêt des collègues qui veulent en apprendre plus.

Raconter cette histoire n'est pas se plaindre ou voir le changement de culture en trois phases comme réponse à tous les problèmes. Il s'agit de donner les faits, de raconter les anecdotes pertinentes et de créer des liens avec ses collègues, comme le dit Dave Gray (2016) dans son livre *Liminal Thinking: Create the Change You Want by Changing the Way You Think.*

Raconter veut aussi dire écouter l'histoire de ses collègues.

Cette histoire est la source du changement de culture et aussi une prise de position face au statu quo. En prenant position *avec* ses collègues, on évite de miser sur un héros sauveur pour changer la culture.

Briser la culture des héros demande de s'investir personnellement dans le changement puisque la culture d'une entreprise est la somme de tous ses membres.

Le premier pas est tout simplement de raconter son histoire.

CONCLUSION

« J'étais vraiment dans cette attitude de héros. »
— *Un ancien héros*

Je suis toujours fébrile lorsque j'ai des clients qui me racontent leur parcours pour sortir du mode héros. Je peux clairement voir une différence entre leur attitude au moment de les rencontrer et le moment où ils affirment avoir délaissé l'attitude héroïque.

Je me souviens d'une question qu'un employé m'a posée en parlant de sa gestionnaire que j'avais accompagnée : « Qu'est-ce que tu lui as fait ? Elle m'a souri aujourd'hui. » Je ne pouvais que sourire en retour. Cette gestionnaire a complètement changé son approche avec ses employés, en délaissant son autorité pour montrer une ouverture qui invite à la collaboration. Les employés étaient ravis et surpris qu'un tel changement puisse s'opérer dans leur entreprise.

Un autre héros que j'ai accompagné était emprisonné dans son travail, expert dans son domaine et critiquait les façons de faire inadéquates sans apporter de solutions concrètes. Au fond, ce héros désirait changer de carrière et développer d'autres compétences totalement différentes de son expertise, mais sa situation professionnelle n'était pas adéquate pour qu'il effectue un tel changement. Il était laissé à lui-même pour se développer. Avec le mentorat, nous avons travaillé son attitude, développé de nouvelles compétences et trouvé une autre entreprise qui travaille *avec* lui. Il est passé du héros victime à un employé créateur qui est lui-même devenu *coach*. Ce changement lui a permis de s'épanouir et d'être autant au service de lui-même que de ses nouveaux clients.

L'attitude héroïque change lorsque l'on fait grandir les héros au lieu de les considérer comme des problèmes à enrayer.

Une dernière invitation que je vous fais est de me raconter votre histoire. Que ce soit des découvertes, des difficultés ou des succès. Vos partages contribuent à améliorer notre compréhension commune de la culture des héros en milieu de travail. Mon objectif est de créer un mouvement, une communauté globale autour de la culture des héros.

Ensemble, il est possible de briser cette culture et de créer des espaces où la collaboration, la créativité et l'innovation sont réelles.

Faites-le via mon site. Je vous lirai avec plaisir et cela nous permettra de créer un lien ensemble (www.simplement complexe.com/connecter).

Merci.

À VENIR

Le sujet de la culture des héros est loin d'être épuisé ! Il y aura une suite à ce premier livre pour nous permettre de continuer d'explorer la transformation de la culture des entreprises ainsi que la façon dont l'attitude héroïque peut changer.

Pour en savoir plus sur le phénomène des héros et connaître la sortie de mon prochain livre sur le sujet, abonnez-vous à mon infolettre :

www.simplementcomplexe.com/connecter

REMERCIEMENTS

Écrire ce livre aura été toute une aventure ! J'ai eu besoin de plusieurs années pour en arriver à ce résultat, plusieurs brouillons incomplets et de nombreuses discussions pour valider des concepts et chasser les doutes.

Un gros merci à Gilles Duchesne qui a assisté à la naissance du concept des héros. Nos précieuses conversations ont fait en sorte que ma perspective des héros soit plus nuancée, sans quoi le héros aurait été seulement un problème et non une possibilité de changement.

La Communauté Agile reste un bassin international de gens incroyables qui m'a permis de tester ma conférence et de réaliser à quel point le sujet des héros est important pour beaucoup plus de personnes que je pensais ! Merci d'être présents.

J'ai rencontré plusieurs personnes qui m'ont influencé dans ma vie et qui ont fait en sorte que je développe le concept des héros. Merci à Daniel Mezick de m'avoir ouvert les yeux sur l'univers des forums ouverts et le pouvoir qu'ils renferment. Merci à Gil Broza de m'avoir guidé sur le chemin du *coaching* Agile en m'aidant à croire en mes propres capacités de *coach*. Merci à toute l'équipe de Ten Directions avec qui j'ai développé mes qualités de facilitateur et d'être humain.

Écrire est un processus chaotique et il y a bien des

proches qui m'ont encouragé dans ce processus. Merci à mon conjoint de m'avoir soutenu (enduré ?) durant les longues heures d'écriture. Merci à mes amis et collègues qui m'ont entendu parler des héros sans arrêt. Merci à mon éditeur, Dave Dufour, qui m'a guidé pour que je colle tous les petits morceaux ensemble et que je soutienne le rythme pour passer le fil d'arrivée. Et merci aux personnes qui ont été les premières à lire le livre et à me donner de judicieux commentaires : Félix-Antoine Bourbonnais, Frédéric Rousseau et François Tremblay.

Encore une fois : merci.

Dave

RÉFÉRENCES

Adams, W. A. et Anderson, R. J. (2016). *Mastering Leadership: An Integrated Framework for Breakthrough Performance and Extraordinary Business Results* (1re éd.). Wiley.

Adkins, L. (2010). *Coaching Agile Teams: A Companion for ScrumMasters, Agile Coaches, and Project Managers in Transition* (1re éd.). Addison-Wesley Professional.

Agile Alliance (s.d.). *Mob Programming*. https://www.agilealliance.org/glossary/mob-programming

Beck, K. et Andres, C. (2004). *Extreme Programming Explained: Embrace Change* (2e éd.). Addison-Wesley Professional.

Beedle, M., van Bennekum, A., Cockburn, A., Cunningham, W., Fowler, M., Highsmith, J., Hunt, A., Jeffries, R., Kern, J., Marick, B., Martin, R. C., Schwaber, K., Sutherland, J. et Thomas, D. *Manifesto for Agile Software Development*. (2001). https://agilemanifesto.org/

Burgess, M. (2015). *Thinking in Promises: Designing Systems for Cooperation* (1re éd.). O'Reilly Media.

Brown, B. (2010). *The Power of Vulnerability* [Vidéo]. Conférences TED. https://www.ted.com/talks/brene_brown_the_power_of_vulnerability

Broza, G. (2015) *The Agile Mind-Set: Making Agile Processes Work*. Récupéré de https://3pvantage.com/the-agile-mindset-book/

Cirillo, F. (s. d.). *The Pomodoro Technique*. Franceso Cirillo – Work Smarter, Not Harder. https://francescocirillo.com/products/the-pomodoro-technique

Conway, M. E. *How do Committees Invent?* (1968). Mel Conway's Home Page. http://www.melconway.com/Home/Committees_Paper.html

Crispagileacademy. (s. d.). *The Resource Utilization Trap* [Vidéo]. YouTube

Cultural Anthropology. (2023, 7 mai). Dans *Wikipedia*. https://en.wikipedia.org/wiki/Cultural_anthropology

Derby, E. et Larsen, D. (2006). *Agile Retrospectives: Making Good Teams Great* (1re éd.). Pragmactic Bookshelf.

Dweck, C. S. (2006). *Mindset: The New Psychology of Success*. Ballantine Books.

Emerald, D. (2013). *The Power of TED* (*The Empowerment Dynamic)* (3e éd.). Polaris Publishing.

Gil, P., Medjad, N. et Lacroix, P. (2016). *Neuro Learning : les neurosciences au service de la formation*. Eyrolles.

Google. (s.d.) *re:Work Guide: Understand Team Effectiveness*. https://rework.with

google.com/guides/understanding-team-effectiveness/steps/identify-dyna
mics-of-effective-teams/

Gray, D. (2016). *Liminal Thinking: Create the Change You Want by Changing the Way You Think* (1re éd.). Two Waves Books.

Karoshi. (2023, 10 mai). Dans *Wikipedia*. https://en.wikipedia.org/wiki/Karoshi

Karpman, S. B. (s. d.). [Présentation du livre dans lequel se trouve le triangle de Karpman]. www. Karpman Drama Triangle . com. https://www.karpmandramatriangle.com/

Karpman, S. (2020). *Le Triangle dramatique : De la manipulation à la compassion (Accompagnement et Coaching)* (édition française). InterEditions.

Kniberg, H. (2011) *Multitasking Name Game*. Crisp. https://www.crisp.se/gratis-material-och-guider/multitasking-name-game

Laloux, F. (2014). *Reinventing Organizations: A Guide to Creating Organizations Inspired by the Next Stage in Human Consciousness* (1re éd.). Nelson Parker.

Loi de Conway. (2023, 19 janvier). Dans *Wikipédia*. https://fr.wikipedia.org/wiki/Loi_de_Conway

Management 3.0. (s. d.) *Team Competency Matrix*. https://management30.com/practice/competency-matrix/

McNamara, R. (2013) *The Elegant Self: A Radical Approach to Personal Evolution for Greater Influence In Life*. Performance Integral.

Mezick, D. (2012). *The Culture Game: Tools for the Agile Manager*. FreeStanding Press.

Mezick, D. (2014). *Prime O/S*. OpenSpace Agility. https://openspaceagility.com/prime/download-prime/

Patton, J. *User Story Mapping*. (s. d.). Jeffpatton&associates. https://www.jpattonassociates.com/story-mapping/

PDCA. (2023, 17 avril). Dans *Wikipedia*. https://en.wikipedia.org/wiki/PDCA

Pugh, K. (2010). *Lean-Agile Acceptance Test-Driven-Development: Better Software Through Collaboration (Net Objectives Lean-Agile Series)* (1re éd.). Addison-Wesley Professional.

Rothman, J. (2016). *Manage Your Project Portfolio: Increase Your Capacity and Finish More Projects* (2e éd.). Pragmatic Bookshelf.

Sheridan, R. (2013). *Joy, Inc.: How We Built a Workplace People Love*. Portfolio.

Slaughter, R. (Éd.) (2010). *Failure: The secret to success*.

Syndrome de l'imposteur. (2023, 26 mars). Dans *Wikipedia*. https://fr.wikipedia.org/wiki/Syndrome_de_l%27imposteur

The 4 Ways of Leading. (s. d.). Conscious Leadership Group. Récupéré de https://conscious.is/excercises-guides/the-4-ways-of-leading

Volatility, uncertainty, complexity and ambiguity. (2023, 23 avril). Dans *Wikipedia*. https://en.wikipedia.org/wiki/Volatility,_uncertainty,_complexity_and_ambiguity

RESSOURCES

Toutes les ressources (références, exercices, gabarits et liens) sont disponibles en ligne :

https://www.simplementcomplexe.com/heros-ressources

BIOGRAPHIE

Certifié *Integral Facilitator*®, Dave Jacques est un facilitateur et un *coach* Agile qui cherche à simplifier ce qui est complexe. Il se distingue par son approche humaine en amenant des changements durables et un niveau élevé de collaboration dans les entreprises qu'il accompagne.

Depuis 2014, il aide des organisations gouvernementales, des compagnies en assurances, des PME, des organismes à but non lucratif et des entreprises en démarrage à créer un meilleur environnement de travail. Dave facilite le développement d'une culture de communication ouverte, de confiance et d'engagement au service des objectifs à atteindre. Conférencier invité dans des évènements Agile, en milieu universitaire et en entreprise, Dave présente de manière authentique et colorée afin de permettre à tous de comprendre.

Briser la culture des héros est le premier livre pour créer un mouvement vers une culture d'entreprises où la collaboration, la créativité et l'innovation sont réelles.

Grand amateur de thé, Dave est toujours prêt à discuter autour d'une théière bien chaude. Contactez-le via www.simplementcomplexe.com.